knapp

Tanja Kummer

Alles Gute aus dem Thurgau

knapp

Ein Buch aus der *Perlen*-Reihe.

Inhaltsverzeichnis

Warum der Most Most heisst	7
Was es im Thurgau ales git	12
Die pechschwarze Bodenseekatze	14
S'Vreneli ab em Guggehürli	18
Vom Birnbaum und dem Apfelbaum	24
Richard der Weisse	33
Huhn oder Ei?	39
Wie Bettwiesen zu seinem Wappen kam	40
Der Sirenenzwerg vom Arenenberg	47
Die Ruine Heuberg	69
Darum die Thur	74
Schaffen, nicht gaffen!	83
Alles Gute aus dem Thurgau	92
Das Schöne sehen	119

Warum der Most Most heisst

Im Thurgau gab es einst einen stolzen Ritter. Seine goldene Rüstung strahlte prächtig, aber die Strahlen waren tödlich – kam man ihnen zu nahe, fiel man mir nichts, dir nichts tot um. So konnte der Ritter sorglos über die grünen Hügel des Thurgaus reiten, weil er keinen Angriff von Feinden fürchten musste. Im Grunde seines Herzens fühlte er sich aber einsam, denn natürlich wollte keine Menschenseele in seine Nähe kommen.

Er ahnte, dass etwas schiefgelaufen war, als ihn eine gute Fee in Ausbildung im Wald bei Etzwilen nach seinem grössten Wunsch gefragt und er zur Antwort gegeben hatte:

I het gern di schönscht Ritterrüschtig vo de Welt, e Rüschtig, wo goldig schtraalet.

Die Lernende stand kurz vor der Abschlussprüfung zur eidgenössisch diplomierten guten Fee. Sie war nervös, und so unterliefen ihr zwei Fehler. Zum einen verlieh sie den Strahlen tödliche Kraft und zum anderen hatte sie dem Ritter die Rüstung so fest an den Leib gezaubert, dass er sie nicht wieder ausziehen konnte.

Auch wenn überall bekannt war, was es mit dem Ritter und seiner strahlenden Rüstung auf sich hatte, gab es immer wieder törichte junge Männer, die sich auf eine Mutprobe einliessen, die damals sehr angesagt war: Sie versteckten sich im Wald hinter einem Baum, und wenn der Ritter hoch zu Ross vorbeiritt, sprangen sie hervor und riefen:
Woher chunsch?,
weil es ein grosses Rätsel war, aus welcher Ecke im Thurgau der strahlende Ritter stammte. Er rief zurück:
Us em Oschte!
Denn er war in Salmsach geboren worden, und das liegt im Osten des Thurgaus. Der Ritter hoffte sehr, dass sich aus dieser Antwort eines Tages doch noch ein Gespräch entwickeln würde, damit er endlich Freunde gewinnen könnte. Doch wegen des Visiers vor seinem Mund verstanden die törichten Männer nur einen Teil, und weil sie von den Strahlen getroffen wurden, hörten sie auch den Schluss nicht, darum wurde für sie
us em Oschte!
zu
… m … Oscht …

Im Wald bei Tägerwilen lebte nun aber zu dieser Zeit eine alte und weise Frau. Als sie munkeln hörte, dass der Ritter mit der strahlenden Rüstung den

Weg zu ihrem Wald eingeschlagen hatte, seufzte sie lang und laut. Das hatte ihr gerade noch gefehlt! Sie hatte in ihrem Leben weiss Gott schon genug gesehen, und wenn sie daran dachte, was passierte, wenn man in die Nähe des Ritters kam, verdunstete ihre sowieso nur wassertröpfchenkleine Neugierde und sie vergass den Ritter, was ihr bald darauf fast zum Verhängnis wurde.

Eines Nachmittags war sie nämlich auf ihrem gewohnten Weg durch den Wald nach Hause unterwegs und ganz in Gedanken an ihre rot-gelb gesprenkelten Edelchrüsler versunken, die sie mit Hingabe hegte. Da hörte sie auf einmal ein galoppierendes Pferd und Stimmen, die zwar aus verschiedenen Richtungen kamen, aber alle dasselbe riefen:

Woher chunsch?

Erst vernahm sie ein Gnuschel, dann deutlich den Buchstaben M, und plötzlich fiel ihr wieder ein, dass der Ritter durch ihren Wald reiten wollte – das musste er nun also sein! Um sich vor den Strahlen zu verstecken, grub sie sich schnell in einen grossen Laubhaufen. Das Letzte, was sie noch hörte, bevor ihr die dürren Blätter die Ohren verstopften, war

...oscht...

Die alte Frau kroch erst wieder aus dem Laub, als sich aller Lärm in zartem Frühabendvogelgezwitscher aufgelöst hatte.

Moscht!
Dachte sie, als sie abends in ihrer Hütte sass und Wurzeln sortierte.
Döt chunnt de Ritter aso her. Wo isch echt da Moscht? Da han i no nie ghört, au wen i scho mis Lebe lang im Thurgau dihei bi!

Viel, also wirklich viel, viel später wurde sie von einem Reporter besucht. Sie hatte nämlich einen grossen Garten mit Apfelbäumen und machte herzlich gerne Saft aus ihren Edelchrüslern. Ein Wettbewerb in Ermatingen hatte sogar zutage gebracht, dass ihr Saft der beste des ganzen Bezirks war. Das hatte das Interesse des Reporters geweckt und er wollte für die grösste Zeitung des Kantons ein Interview mit ihr führen. Es war auch ein Fotograf dabei, der just in dem Moment ein Foto der Frau machte, als der Reporter sie fragte:
Wi heisst Iren Saft eigetli?

Das Blitzlicht des Fotoapparats strahlte der alten Frau so grell in die Augen, dass sie schlagartig an den Ritter mit der goldenen Rüstung denken musste und daran, dass sie die Einzige war, die wusste, wo er herkommt, und dass sie das nie jemandem gesagt hatte, und ob dem Chaos in ihrem Kopf schoss ihr ein allerletztes Wort über die Lippen:
MOSCHT!

Der Reporter machte sich noch lange Vorwürfe, weil er es sich nicht anders erklären konnte, als dass seine Frage die alte Frau in so grosse Aufregung versetzt hatte, dass sie einfach tot umfiel. Andererseits – und ganz der neugierige Reporter – war er aber auch stolz, dass er im letzten Moment noch herausgefunden hatte, dass der Saft aus Äpfeln *Moscht* heisst, und er machte das Wort allerorts bekannt.

Seither und immer noch trägt der Most seinen Namen, auch weit über den Thurgau hinaus. Was aus dem goldenen Ritter geworden ist, weiss niemand mit Sicherheit zu sagen. Aber ab und zu hört man Stimmen, die flüstern, er reite nachts hell wie ein Feuerball durch die Wälder des Thurgaus…

Was es im Thurgau ales git

Bi üs im Thurgau gits afach ales
Buech und Berg für Chopf und Geischt
Buech und Berg für Chopf und Bei.

Es Horn zum über de See bloose, Konschtanz vo –
etz ab in Zoo – Berlinge über Fischinge,
gnauer Thundorf
bis nach
Horn, Horn, Horn, hallo!
Birwinke!

Romanshorn.

Mir tönd Gott-liebe in Gotts-hus,
heimlich d'Chlinge Chrüüz-ä-linge
mit em Ziil: Schlacht!

Uf emne Feld, Fraue oder Wii-Felde

Nochethär wenns wider Schöneberg isch
tüemer gSittert-Dorf
liged uf d'Bettwiese, im Wäldi
um üs Erle, Hohitanne,
und lönd ale Müll heim go

in Zürigau, Klettgau, Frickgau
Lommis no es Wile gnüüsse im Paradies
da liit im Thurgau – wo denn suscht?

Die pechschwarze Bodenseekatze

Es waren einmal ein Brüderchen und sein Schwesterchen. Die beiden spazierten eines Tages am Ufer des Bodensees entlang, der wie ein alter Walfisch schwer im Seebecken lag, während ihm die dunkelgraue Wolkendecke bedrohlich auf den Leib rückte. Aber das konnte das Brüderchen und sein Schwesterchen nicht erschrecken. Sie lebten in Kreuzlingen und schauten schampar gerne in alle Stimmungen, die der See ihnen schenkte. Ihre Eltern sagten zwar immer, es sei nicht der Bodensee, der das Wetter mache, nein, es sei das Wetter, das über den See ziehe, aber davon wollten die Kinder nichts wissen:
De See zauberet, lueged doch, de See zauberet!,
riefen sie entzückt, wenn es blitzte, aber auch, wenn fröhliches Glitzern übers Wasser tanzte.

Als sie an diesem düsteren Tag dem Bodensee entlang gingen, blieb das Schwesterchen kurz nach Altnau plötzlich stehen, zeigte über das Ufer hinaus und rief:
Lueg emol, Brüederli! Döt usse gumpet en füürzündrote Chräbs über s'Wasser!
Sonen Chabis,

erwiderte das Brüderchen,
da cha nöd si. Am Bodesee gits kan füürzündrote Chräbs, und über s'Wasser gumpe chanen Chräbs sowiso nöd.
Das Brüderchen war das ältere der Geschwister und zeigte dem Schwesterchen immer, was es wusste – nicht, um aufzuschneiden, sondern einfach, weil es ihm gerne etwas beibrachte.
Etwas später, nach Kesswil, zeigte das Schwesterchen wieder auf den Bodensee hinaus:
Brüederli, lug doch!,
rief es aufgeregt,
döt güxlet de Schweif vo mene Wasserross us em Wasser!
Das Brüderchen aber schüttelte den Kopf:
Sonen Chabis! Da cha nöd si. Im Bodesee gits kas Wasserross und sowiso cha kais Ross so tauche, das nu no sin Schweif us em Wasser lueget!
So gingen sie weiter, bis erst pralle Tropfen auf den Seeweg platzten und dann Regen wie aus einem Guss niederging. Dem Brüderchen und seinem Schwesterchen machte das aber nichts aus, sie sprangen juchzend in jeden Gunten.

In Romanshorn aber zeigte das Schwesterchen wieder auf den See hinaus und rief:
Brüederli, lueg! Döt schwümmt di pechschwarz Bodeseechatz!
Sonen Chabis!,
sagte das Brüderchen ungeduldig:
Da cha nöd si. Es git kai pechschwarzi Bodeseechatz.

Chatze händ Angscht vor em Wasser, di würed nie go schwümme. Schwöschterli, hör mol entli uf mit dem choge Chabis!

In diesem Moment zerriss ein Donner die Luft. Das Brüderchen drehte sich zum Schwesterchen um, das stehen geblieben war und ihn aus wutgelben Augen anfunkelte:

Aber du häsch immer gseit, de Bodesee chöngi zaubere, und wenn er da cha, warum sötts denn kan füürzündrote Chräbs, kais Wasserross und kai pechschwarzi Bodeseechatz gee?

Da wusste das Brüderchen nicht mehr, was es sagen sollte. Zum ersten Mal kannte es keine Antwort auf eine Frage des Schwesterchens und es rannte davon, bis nach Arbon, erst dort drehte es sich um, aber – das Schwesterchen war weg. Dafür sass da eine pflotschnasse, pechschwarze Katze und miaute durchdringend. Das Brüderchen machte kehrt und rannte den ganzen Weg zurück, dabei rief es laut:

Schwöschterli, Schwöschterli, wo bisch?

In Kreuzlingen riss es die Türe des Elternhauses auf und fragte:

Isch s'Schwöschterli bi eu?

Die Eltern schüttelten den Kopf.

Als das Brüderchen traurig die Türe hinter sich zuzog, huschte die pechschwarze Katze mit den gelben Augen im letzten Moment ins Haus.

Das Schwesterchen kehrte nie wieder nach Hause zurück.

Aber die pechschwarze Katze wurde älter und alt und lebt noch immer beim Brüderchen, das nun mit seiner eigenen Familie im Haus der Eltern in Kreuzlingen wohnt.
Und wenn der Sturm über den Bodensee heult und das Wasser peitscht, aber auch wenn sich ein üppiger Regenbogen in sanften Wellen doppelt, fragen die Kinder des Brüderchens:
Bapi, wa isch da?
Und das Brüderchen sagt:
Da isch de Bodesee. Da isch de Bodesee, wo zauberet!
Und die pechschwarze Katze schaut ihm mit ihren gelben Augen mitten ins Herz und manch einer würde meinen, sie lasse dazu ein langes
Miaaauuu!
hören, das Brüderchen weiss aber, dass sie
Genaaauuu!
sagt.

S'Vreneli ab em Guggehürli

S'Vreneli ab em Guggisberg und Simes Hansjoggeli ennet em Berg, di ghöred e Glöggli, da lüütet nöd nett. Jo, si wüssed, es isch högschti Isebaan zum Iischtige bitte, bitte schtiiged ii zum Energi und Rooschtoff z'schone, d'Erde aso gschider z'bewone! Si lueged vo Berg und Tal und gseend: Im Aargau sind nomol zwei Liebi! Mit dene chönnted si doch zäme wone und so öppis mache für d'Nochhaltigkeit, we me Tisch und Bett mitenand teilt! Vreneli und Hansjoggeli verchaufed am Heiri ires Chalb und ali iri Entli, trettet im Morgeroot vo Luzern gege Weggis zue bis dett enen am Bergli zu de zwei Liebende, zu Hansjakobli und Babettli. Da sind Aargauer und schtolz dodruf, nu: Burebüebli mögeds nöd. Drum züched Vreneli und Hansjoggeli wiiter, z'Fuess, aso mit nume ganz munzige ökologische Fuessabdrückli bis uf Züri Wescht. Sie schänked de Stadt ires Herz, me händs und bruucheds nöd, au kas Eifamiliehuus – ires Dach isch de Himel vo Züri, *und Züri,* seit s'Hansjoggeli, *ganz Züri üses Hus! Mir sind gliichzitig dusse und dine, brucked kai Wöschmaschine und simmer dreckig, denn leckemer üs afach am Tschööpli! Und Vreneli, zum dini Schtimmressource z'pflege, törsch mer ab sofort nu no Joggeli säge!*

Und de Joggeli wott go Birli schüttle, aber d'Birli wönd nöd fale, *da isch doch ka Tragödie,* meint sini Vre, *im Gegeteil: Weniger isch mee! Und weniger isch nöd nüt – da müest me entli tschegge hütt! Hütt sind di Lüüt debi, wo sich um subri Luft bemüeed und um ewigi Liebi! Aber …*

Es isch alles nu en Traum gsi und si wached uf am ne Matsch uf de Schützewise in Winti.

D'Fans singed: *F für Fuessball, C für de Club, rotwiisses Bluet Mann, W für Winterthur, Fuscht id Luft!*

De Joggeli heepet *es lebe der Sport!* hinedrii, loot eis Schtadtguet am andere ie und wo de Präsi vom FC Winti verbiilauft, nimmt er s'Vreneli uf d'Siite und sait:

Bring en hei!

I wür jo gern, aber es isch cheibe wiit bis Guggisberg und am End würemer üs verirre und wie das Männlein schtill und schtumm im Wald schtoo! Drum wür i lieber do umenand übernachte, aber logo nume ökologisch!

De Präsi zücht s'Vreneli an en Tisch mit Kompiuter: *Wämmer Glück hend,* tuet er, seit er und startet s'Internet: *Aso, gämmer ii, mir wettet e Bett, im ne Etablissömo, wo noochhaltig wirtschaftet, lueg do,* seit er und tippt uf de Bildschirm, *da isch gopfridschtutz kan Kiosk und au nöd öppen e Bank, das isch e Jugi z'Chrüüzlinge wo s'«Schteibock-Label» treit – wart gschwind i druck es*

Pländli uus...
sink bifor iu print!,
rüeft de Joggeli, *de Thurgau findemer au esoo!* Und scho zücheds los und singed: *Chumm mer wänd de Gau go sueche, s'isch doch gar kan Leu i de Thur, am Eis nöd, am Zwei nöd, am Drüü nöd, am Vieri nöd, am Füfi nöd, am Sächsi nöd, am Sibni nöd, am Achti nöd, am Nüüni nöd, am Zeni nöd, am Elfi nöd, am Zwölfi chunnt de...* do gseends es Fräuli mit emne Leuli a de Chetti, s'Fräuli winkt frööli und ladt i:
Sitzed Si, hocked Si, nämed Si Platz, trinked Si üsen Öpfelsaft!
Vreneli und Joggeli leened ab, si müesed rassig wiiter uf Chrüüzlinge –
do mönd er eu aber oschtwärts bringe,
seit s'Fräuli mit em Leuli und scho schtampfed Vreneli und Joggeli mit scharlachrote Bagge über de Seerugge, rolled hine de Hang ab und graaduus i d'Jugi ie, züched sich schüüli müed d'Tecki über de Chopf, pfuused sofort ii und träumed, es chöm en Bär vo Konschtanz her.
Wo de Joggeli am Morge uufwacht, küsst er s'Vreneli wach:
Chumm Schatz, mir mached es paar Runde und gönd de Thurgau go erkunde!
Si nemed de Oschtwind und de bloost si uf sine Schtroosse und Schine gad is schööni Frauefeld ine, wo s'Fräuli mit em Leuli wartet und seit, si heg ine

no wöle säge, dass si en Idee heg, wo si chönnted lebe! Gad do i de Nöchi hebs uf emne Rebberghügeli es schös Hüsli, schöö wines…
Schlössli?,
froogt de Joggeli,
Na nei,
seit s'Fräuli,
es isch kas Schlössli, es isch es Hüsli und heisst Guggehürli…
Do fönd zwei Augepaar a schtraale!
Giggis gaggis Guggehürli! Da töönt jo wi Guggisberg! Döt gömmer ane, wenn nach em Räge d'Sune wider schiint, aber zerscht luegemer bi Radio Thurgau ine, villicht ghöremer chli Musig und es paar Ziile für d'Tanja, dänn cha si no chli länger mit dem Tegscht verwiile!

Do han i aber nomol Glück gha! Etz isch mer de Pfuus für di Gschichte langsam usgange, i mim Chopf häts nu no gsunge: *Liirum Larum Löffelstiil – wenn d'da nöd chasch schriibe, chasch nöd vil!* Vreneli und Joggeli lömmer aber de Röfrä vonere Thurgauer Hip-Hop-Gruppe lo zuechoo – und etz weiss i, wis mit dem Tegscht mue witergoo, so wi sis singed nämli so:

Sit em Tag eis hämmer üsi Herze im Thurgau, fiired und brüeled und scherzed im Thurgau, d'Wurzle im Thurgau, d'Heimat de Thurgau, gnüssed üses Lebe, bis mer schterbed im Thurgau!

Vreneli,
jublet de Joggeli,
etzt simmer entli bi Lüüt, wo öppis vo Suffizienz verschtönd! Wo Energi und Rooschtoff schoned, well si iren Kanton konsequent hinderschi und fürschi bewoned! Lüüt, wo wüssed, was de Menschheit alles droot, trotzdem nöd schwarz gseend und nöd root! Was i hoffe isch ellei, dass si kai Hemmige hei und ires Wüsse über Nochhaltigkeit teiled, so dass bald ebene jede Mönsch uf Erde weiss, winer sin Alltag suffizienter macht –
Joggeli,
hör etz uf,
seit s'Vreneli,
es isch bald Nacht und s'Glöggli vom Guggehürli lüütet scho nett, en lange Tag isch vergange, mir gönd etz is Bett, zfride mit dem, was s'Lebe üs schenkt, jo, wer hetti tenkt, das üsi Suechi nach Nochhaltigkeit üs a däreweg schpannendi Ort anetreit!
Glücklich wi chugelrundi Säu sinds is Guggehürli, ires neu Dihei, und mir werded vo däne zwei sicher no vil vernee und ires Lebesglückgheimnis immer mit üs träge, wo heisst: Weniger isch mee!

PS: Für diesen Text zum Thema «Suffizienz» (aus dem Lateinischen von «sufficere», zu deutsch: «genügen») habe ich mich darum bemüht, Energie und Rohstoff zu schonen und Poesie verwendet, die es schon gibt.

Vom Birnbaum und dem Apfelbaum

Auf dem Seerücken hatte irgendwann irgendjemand einen Birnenkern in den Boden gedrückt. Und zwar genau dort, wo jemand anders bald darauf ein Apfelbitschgi fallen liess.
Also: Alles purer Zufall. Schiints.
Der Birnenkern wuchs langsam aus sich heraus, rundete sich zum Stamm und streckte zarte Würzelchen aus. Dabei begegneten ihm Würmer, Käfer und Maulwürfe, aber auch Artgenossen: feine Blumenwürzeli und Wurzeln von Sträuchern und Büschen. Und wie sich dort im Erdreich unzählige Wurzeln ausbreiteten, verwuchsen sie auch miteinander und lösten sich wieder. Als der Birnbaum die vielen Wurzeln spürte, bemerkte er auch, dass seine anders waren. Sie waren dicker als die von einem Margritli, kräftiger als diejenigen vom Haselnussstrauch. Er konnte keine einzige Wurzel ertasten, die seinen ähnlich waren, und so wurde er traurig. Aber kurz bevor er untröstlich war, tippten ihn die Spitzen einer anderen Wurzel an und er wusste sofort, dass er jemanden ganz Besonderen gefunden hatte. Er machte mit ihm ab, dass sie gemeinsam durch den

Boden stossen würden. So durchbrachen ihre Stämme am selben Tag die Erde und sie mussten sich erst daran gewöhnen, dass alles anders war als zuvor. Im Erdboden war es einfach warm oder kalt, trocken oder nass – aber jetzt spürten sie die brennende Sonne und ein grosses Verlangen, sich diesem blendenden Ball entgegenzustrecken. Auch wurden sie vom Regen gepeitscht und merkten schnell, dass ihnen das nichts anhaben konnte – im Gegenteil: Dank Sonne und Regen wurden sie immer stärker, sie wuchsen und konnten bald auf die Blumen und Büsche hinabblicken und aus ihren Stämmen wuchsen Äste und aus den Ästen Blätter.

Die beiden staunten und scherzten über ihr Aussehen, das sich immer wieder veränderte. Sie verstanden sich gut und dachten sich gerne Geschichten aus, erzählten sich am liebsten von dem, was sie von ihrem Plätzchen auf dem Seerücken aus sehen konnten – und das war viel. Wenn das Wetter gut war, konnte man bis weit in den Thurgau hinein und hinten hinaus in die Berge blicken.

Im Frühling bemerkte der Birnbaum erstaunt, dass seinem Freund Knospen aus den Ästen wuchsen, aus denen sich Blüten entfalteten, und schliesslich sah er in seinem weissen Kleid so bezaubernd aus, dass der Birnbaum richtig verlegen wurde. Er spürte auch immer wieder den Blick des andern auf seiner eigenen Bluescht und ihm wurde ganz weich im Stamm

und ein Kribbeln stieg ihm in die Äste. Richtig komisch fand er es, als ihnen beiden runde Dinger wuchsen. Die Rundumel wurden grösser und grösser, sahen sich ähnlich, waren aber doch nicht gleich. Sie rätselten, was das sein könnte, bis eine Familie mit vier Kindern über die Wiese spaziert kam und auf sie zuhielt. Sie trugen Körbe und schwafelten fröhlich, bis der Vater die Ärmel hochkrempelte und sagte:
Lueged mol di schöne Bäum! Chömed, mir tönd zerscht d'Öpfel ablese und nochet-her d'Bire!
Von da an wusste der Birnbaum, dass er ein Birnbaum und sein Freund ein Apfelbaum war. Erst war er enttäuscht, hatte er doch gehofft, der andere sei tupfgleich wie er. Doch dann hörte er das Juchzen des Apfelbaumes, dem es so leicht um die Äste wurde, als ihm die Familie seine Früchte abnahm, und er war wieder froh.
Ohne Früchte fühlte sich der Birnbaum ganz beschwingt und auch dem Apfelbaum muss es so gegangen sein, denn schlussamend sagte er:
I gang mol chli go luege, was es uf em Seerugge susch no so git.
Zwar schmerzte es den Birnbaum, dass der Apfelbaum nicht fragte, ob er ihn begleiten wolle, aber er musste sich eingestehen, dass er die Umgebung auch lieber auf eigene Faust erkunden wollte. Er war freudig erregt, wenn er daran dachte, dass er vielleicht andere Bäume kennenlernen würde.

So machten sie sich auf – der Birnbaum nach links, der Apfelbaum nach rechts, jeder zog von seiner Seite aus um den Seerücken. Ihre Wurzeln liessen sie dort, wo sie aufgewachsen waren.

Sie waren lange unterwegs und manchmal kreuzten sich ihre Wege, einmal in Chugelshofe, dann in der Nähe des Schlosses Klingenberg; in Lanzedoore winkten sie sich von Weitem, in Bleihof nickten sie sich zu und den Birnbaum packte die Lust, mal wieder ausführlich mit dem Apfelbaum zu reden. Aber irgendwie kam es einfach nicht so weit. Auch sah er, dass seinem Freund ein Ast fehlte und er hätte ihn zu gerne gefragt, warum er ihm abgebrochen war. Selber hatte er auch einen Blätz ab; er war an eine Eiche geraten, die mit einer Birke anbandelte, die dem Birnbaum gut gefallen hatte, aber eben – die Eiche knallte ihm eine vor den Stamm, noch bevor er mit der grazilen Birke ins Gespräch kommen konnte.
Der Birnbaum lernte auf der Reise um den Seerücken auch viele andere Apfelbäume kennen. Es waren sehr ansehnliche darunter, auch ausserordentlich gepflegte und einige besonders fruchtbare – aber kein Apfelbaum war ihm so lieb wie der, neben dem er gross geworden war, auch wenn er gar nicht so recht sagen konnte warum. Ob es daran lag, dass sie sich damals zusammen aus der Erde gedrückt und viel Zeit miteinander verbracht hatten?

Der Birnbaum dachte immer wieder an seinen Apfelbaum, aber manchmal vergass er ihn auch, weil immer so viel los war, es wurden zig Feste gefeiert, zu denen immer wieder andere Wälder und Wiesen eingeladen hatten.

Warum genau und wie er eines Tages wieder auf seinen Stammplatz auf den Seerücken zurückgefunden hatte, konnte der Birnbaum nicht mehr sagen. Eines Tages im Herbst stand er einfach wieder vor seinen Wurzeln und schlüpfte hinein. Und es dauerte nicht lange, da hörte er das Laub rascheln und … was für eine Freude! – der Apfelbaum war wieder da! Er wurzelte sich auch wieder ein und beide erholten sich erst still von der Reise, um dann eine Schwetti Fragen zu stellen, die sie unterwegs gesammelt hatten:

Wie viel Wasser fliesst noch die Murg hinunter? Warum liegen Kurzrickenbach und Langrickenbach nicht näher beieinander? Wo holt der Bartli den Most? Der Apfelbaum, der bis nach Felben-Wellhausen gewandert war, werweisste auch, ob es wohl wahr sei, dass ein Pilot mit seinem Flugzeug unter der Brücke bei Eschikofen durchgeflogen war.

Nicht, dass sie die Fragen hätten beantworten können. Aber sie hatten den Plausch daran, darüber zu diskutieren. Sie brachten sich auf neue Gedanken und lernten einander so immer besser und besser kennen.

Während sie Tag für Tag und Nacht für Nacht miteinander redeten, wurden sie immer wieder von Menschen besucht. Kinder kletterten in ihren Kronen, Erwachsene suchten ihre Schatten und der Birnbaum schätzte es immer mehr, dass er mit dem Apfelbaum zusammen am selben Ort stand, von dem aus sie die Jahreszeiten kommen und gehen sahen und auch, wie sich der Thurgau veränderte, welche Wege neu angelegt wurden, wer mit welchem Hund vorbeispazierte und dass einer der Buben der Familie, der dazumal ihre ersten Früchte gepflückt hatte, keine 100 Meter von ihnen entfernt einen Bauernhof baute. Die Gespräche von Birnbaum und Apfelbaum wurden über die Jahre immer tiefsinniger. Sie philosophierten und stritten auch manchmal, beide waren ziemlich dickstämmig und verteidigten ihre Ansichten und mussten immer wieder merken, dass man Äpfel nicht mit Birnen vergleichen kann. Aber sie blieben immer an Ort und Stelle, blieben beieinander, trugen sommers Früchte und im Winter Schneemäntel und blühten im Frühjahr wieder auf.

Der Frühling war auch die Jahreszeit, in der immer andere Bäume vorbeiflanierten und man sich angeregt unterhielt. Der Birnbaum fragte sich ab und zu, warum er nicht einfach mit diesem oder einem anderen Baum mitging, zum Beispiel mit dem charmanten Chriesibaum.

Aber wenn er etwas länger darüber nachdachte, wurde ihm immer klar, dass das nicht ging. Man konnte nicht einfach mit jemand anderem mitgehen, wenn man schon so lange mit einem Freund zusammen stand.

So lebten sich Birnbaum und Apfelbaum gemeinsam Ringe in die Stämme, bis der Birnbaum merkte, dass sich der Apfelbaum veränderte. War er früher ein heller Wipfel gewesen, wurde sein Denken langsamer, bis er gar begriffsstutzig war und der Birnbaum ihm alles hinderschi und fürschi erklären musste. Der Apfelbaum alterte offenbar schneller als er und redete auch nicht mehr so gerne, es war ihm zu anstrengend. Ihre Gespräche verstummten und der Birnbaum fand das gar nicht so tragisch, hatten sie doch alles, was man besprechen konnte, bereits besprochen. Der Birnbaum spürte, dass es mit dem Apfelbaum zu Ende ging. Es wuchsen ihm keine Blätter und Blüten mehr, seine Äste knarrten täglich morscher, bis sie eines Tages abbrachen, und am andern Morgen, einem Morgen nach einer stillen Herbstnacht, in der Nebel den Thurgau zugedeckt hatte, war der Apfelbaum gestorben.

Heisse Harztränen drückten sich durch die Rinde des Birnbaums und er war den ganzen Winter über betäubt vor ohnmächtigem Schmerz, weil von seinem Allernächsten nur ein leerer Stamm geblieben war.

Es war ein langer Winter. Nur zögerlich wurde es wieder Frühling.

Als es endlich wärmer wurde, kam ein Grossvater mit seinem Enkel, um den Apfelbaum zu fällen. Der Birnbaum glaubte, den alten Mann schon einmal gesehen zu haben. Bevor dieser die Säge in die Hand nahm, umarmte er den Stamm des Apfelbaums und sagte: *Vo dem Baum hät scho min Vatter Öpfel abglese.*
Dann begann er zu sägen. Der Birnbaum wusste, dass die Seele seines Freundes nicht mehr in diesem Stamm wohnte.

Er fragte sich, was nun in seinem Leben noch alles auf ihn zukommen würde. Vielleicht würde sich neben ihm wieder etwas aus dem Boden drücken, ein neues Stämmchen zum Beispiel, wer weiss. Möglich, dass ihm ein kleiner Freund heranwachsen würde, dem er etwas über das Baumsein beibringen konnte. Sicher würden auch wieder Bäume vorbeikommen, mit denen er sich austauschen könnte, vor allem junge Bäume, denn alte wie er mochten nicht mehr herumwandern.

So könnte es werden, dachte der Birnbaum. Und – dass er das eigentlich gar nicht mehr unbedingt erleben wollte.

Er war müde vom langen Stehen. Und es würde keinen mehr geben, der ihn so gut kannte wie der Apfelbaum, mit dem er über alles hatte klönen und lachen können.

Der Grossvater setzte sich mit seinem Enkel auf den Stamm des Apfelbaums und sie assen es Iklemmts.
Dä Moscht vo dene zwe Bäum,
schwärmte der Grossvater,
isch de bescht Moscht, won i je trunke ha, und i ha scho mänge probiert!
Der Enkel fragte, ob er den Most vom Apfelbaum oder den vom Birnbaum meine.
De Saft vo bed zäme! I hans immer zämegläärt und da hätt en Moscht gee, wo mit jedem Schluck neui Lebeschraft gschenkt hät!
Darum habe er, erzählte er seinem Enkel, einen Kern von jedem der beiden Bäume genommen und sie hinter dem Bauernhof auf dem kleinen Hügel, der in der Gunst der Sonne steht, in die Erde gedrückt. So gebe es im besten Fall wieder zwei prächtige Bäume und saftige Früchte, um weiterzumosten.
Chumm, i zeig der di bede chliine Schtämm, wo scho us de Erde lueged!
Im Birnbaum breitete sich eine tiefe Ruhe aus und er spürte, dass es ihn an einen Ort zog – einen Ort, der immer heller leuchtete, je näher er ihm kam.
Er konnte zwar nicht sehen, was ihn dorthin zog, aber er wusste es. Er wusste, dass es die Wurzeln von jemandem waren, den er schon sehr lange kannte.

Richard der Weisse

Richard der Weisse war ein gehässiger, reicher Wichtling, und weil er so bleich war, nannte man ihn, wie man ihn nannte. Ihm war sein Name egal, so wie alles andere auch. Wo auch immer er ankam, stiftete er Unfrieden und machte sich schnell wieder davon.

Es war in einer Zeit zwischen früher und heute, als er in Pfyn eine kleine Burg errichten liess, genau an der Stelle, an der einst das Kastell gestanden hatte. Dort hauste er und war gemein, wann immer er Gelegenheit dazu hatte. Beispielsweise nutzte er das Wasser des Grabens des ehemaligen Kastells, aber als in Pfyn ein Feuer ausbrach, gab er dem Volk keinen Tropfen und liess sich, so schnell die Pferdestärken es zuliessen, auf und davon auf den Seerücken kutschieren und lüftete dort seine Lunge durch, in die sich bei solchen Bränden schnell ein Räuchli verstieg.

Er kehrte erst zurück, als alle Häuser wieder aufgebaut worden waren, damit er sich die Augen nicht mit dem Anblick abgebrannter Häuser, die schwarz und kaputt wie faule Zähne in der Landschaft standen, verderben musste.

Richard der Weisse merkte nicht, dass sich eine Hungersnot ausbreitete. Die Menschen litten und klagten laut, aber die Burgmauern waren so dick, dass kein Stöhnen zu Richards weissen Ohren durchdringen konnte.

Als immer mehr Menschen an Leib und Leben bedroht waren, beschloss das Volk, einen Boten zum reichen Richard zu senden, der um Hilfe bitten sollte. Die Wahl fiel auf Mehlanie, die Tochter des Becks, denn das grosse Tor ennet dem Wassergraben war und blieb geschlossen, und der Rest der Burg wurde bewacht – aber es gab einen versteckten, winzigen Weg in den Büschen, der zum Burggraben führte und den nur Mehlanie gehen konnte, weil sie schmal genug war, trotz ihrer 18 Jahre. Ja, sie war verschwindend schmal, aber mutig wie ein Leu.

Am Ende des Pfades angekommen, juckte sie ins Wasser und schwamm bis zur Burg, trotz der Gerüchte, dass grüngraue Kreaturen im Burggraben hausen würden, eher Gschludder als Getier.

Mehlanie aber dachte nur:

So en Seich, so öppis Wüeschts gits doch nöd bi üs im schöne Thurgau.

Dann kletterte sie hinauf zum Tor und klopfte hartnäckig, bis Richard der Weisse es höchstpersönlich herunterlassen musste – seine Bediensteten, die das sonst für ihn machten, waren geschwächt von der

Hungersnot und ihre Lage wollte sich nicht verbessern, da der Weisse alle Lebensmittel selber futterte. So war er zwar satt, als er das Tor herunterliess, aber nicht daran interessiert, wer da draussen stehen könnte, wie immer, er hatte nur aufgemacht, damit dieses lärmige Klopfen endlich aufhörte. So setzte er die eisigste Miene auf, die er im Repertoire hatte, sah Mehlanie und – erstarrte, wurde bleich, in seinem speziellen Fall also schon fast durchsichtig. Vor ihm stand das bezauberndste Wesen, das er je gesehen hatte, und es war genauso blass wie er.
Wi heissisch du?
Mehlanie.
I bi de rich und mächtig Richard de Wiissi!
I wiiss! Äh, weiss!
Sie schwiegen und suchten schüchtern den Blick des anderen, bis Richard der Weisse die Kröte aus seinem Hals verjagte und Mehlanie fragte, warum sie gekommen sei. Sie erzählte von der Hungersnot, aber er hörte nur mit einem Ohr zu,
mit dere wunderbare Maid wott i 18 bleichi Chind züüge und mit ine i de Weltgschicht umereise,
dachte er.
Aso?,
fragte Mehlanie plötzlich. Richard der Weisse zuckte zusammen:
Aso wa? Aso wa aso?
Liebe wiisse Richard, wa machsch gäg di Hungersnot?,

fragte sie mit einem Augenaufschlag zart wie der Wind, der im Frühling die Wiesen aus dem Winterschlaf streichelt.
Mir... ää... mir bruuched öppis Obligatorisches...
Jo?
Öppis Obligatorisches und Langs...
Mehlanie nickte:
Genau! Mir bruuched öppis Obligatorisches und Langs und di chliine Chind müends au chöne esse, drum mues es au mild si!
Er wiederholte unsicher:
Äh, aso öppis Obligatorischs, Langs, Milds und Guets mues es si, i wotts jo au esse, aso öppis Allerfeinschts?
Sie war begeistert:
Wiisse Richard! Da isch es, wa mir bruuched: obligatorisch, lang, mild und allerfeinscht! Du bisch min Held!
Im stets unterkühlten Richard dem Weissen stieg eine unbekannte Hitze auf, er küsste Mehlanies blassrosa Lippen und liess sich von der Farbe berühren, die die Wangen der jungen, vormals blassen Frau angenommen hatten.
Der weisse Richard fackelte nicht lange und liess der Basler Familie Bell, die aus dem ehemaligen Fischerdörfchen Kleinhüningen stammte und sich mit Fleisch einen Namen machte, Säcke voller Münzen zukommen, auf dass sie Fleisch schickten, aus dem die talentiertesten Thurgauer Metzgersleut' etwas Langes, Mildes und Allerfeinstes machen sollten.

Besonders wichtig war Richard, dass die Speise weiss war wie Mehlanie und er und dass sie Farbe annahm, wenn man sie erhitzte.

So entstand eine Bratwurst, die Richard der Weisse als obligatorisch erklärte. Mehlanie durfte sie taufen, und weil sie zwar eine mutige Maid war, aber nicht besonders kreativ, gab sie sich mit den Anfangsbuchstaben von *Obligatorisch, Lang, Mild* und *Allerfeinst* zufrieden. So kam die OLMA-Bratwurst zu ihrem Namen.

Auf die Frage «Wer hat die OLMA-Bratwurst erfunden?» gibt es also mehrere Antworten. Die Ursprungsidee kam von Mehlanie und Richard dem Weissen, das Fleisch stammt aus Basel und Thurgauer Metzger haben die Wurst geformt und gefüllt. Nur St. Gallen hat mit der Erfindung der Wurst nichts zu tun. Dafür hiermit: 1943 suchte man einen Namen für die Landwirtschaftliche Ausstellung, deren Vorläufer bis ins Jahr 1853 datiert sind. Die St. Galler wollten Richard dem Weissen Tribut zollen, hatte er doch die Hungersnot beendet. Darum studierten sie so lange, bis sie aus den Buchstaben O, L, M und A die Wörter **O**stschweizerische **L**and- und **M**ilchwirtschaftliche **A**usstellung gemacht und zusammengesetzt hatten.

Auch wenn Richard der Weisse und seine Mehlanie schon lange selig im blütenweissen Paradies schlummern, haben die St. Galler nie vergessen, in welchem Kanton die OLMA-Bratwurst erfunden wurde. Aus lauter Dankbarkeit luden sie den Thurgau 1950 zum ersten Mal und bis zum heutigen Tag noch dreimal als Gastkanton an ihre Messe ein. Die fünfte Einladung für das Jahr 2017 – dem 75-Jahr-Jubiläum der OLMA – wurde an den Thurgau ausgesprochen und ist von diesem angenommen worden.

Huhn oder Ei?

Im Thurgau flüüst d'Thur dur de Thurgau dure drum heisst de Thurgau Thurgau de Thurgau heisst Thurgau weg de Thur wo dur de Thurgau dure flüüst wobii wer weiss worschindli heisst d'Thur wo dur de Thurgau dure flüüst Thur well si dur de Thurgau dure flüüst do wunderets würkli wiitum wa nochenand am Name no chunnt: d'Thur oder de Thurgau.

Wie Bettwiesen zu seinem Wappen kam

Früher war Bettwiesen weitum dafür bekannt, dass die Kinder dort aus freien Stücken um 18 Uhr zu Bett gingen, bis zu dem Tag, an dem sie 18 Jahre alt wurden. Warum das so war, weiss man nicht, nur, dass es schon immer so war, so und nicht anders. Und, dass in der Gemeinde Bettwiesen die fröhlichsten Kinder des Thurgaus wohnen. Ging man versunken durchs Dorf, wurde man von einem aufgestellten
Grüezi wool!
aus den Gedanken gerissen. Sah man sich um, entdeckte man strahlende Kinder, deren Freundlichkeit nicht nur die Dorfbewohner entzückte, sondern auch die Reisenden, die durchs Dorf zogen, wie zum Beispiel Placidus, der Abt des Klosters Fischingen, der ein Schloss bauen lassen wollte und auf der Suche nach dem geeigneten Ort Bettwiesen passierte. Die Kinder begeisterten ihn und auch sonst war er vom grünen Fleck im Hinterthurgau ausserordentlich angetan; sein Schloss, war er sich sicher, sollte genau über diesem Dorf thronen.
Die Einwohner besorgte das sehr, sie fürchteten, dass Placidus viele Gäste empfangen würde und es mit

der Ruhe und dem Frieden im Dorf bald vorbei wäre. Und wer weiss, ob das nicht auch Auswirkungen auf die Fröhlichkeit der Kinder hätte! Nein, sie wollten den Bau nicht zulassen und schickten Peter nach Fischingen, der zwar ein Laamsüüder war, dafür aber mit schierer Baumgrösse und Muskelarmen beeindruckte, manche sogar einschüchterte. Ihm wurde eine Audienz gewährt, und bald sass er Placidus gegenüber, einem rundlichen Mann mit rot leuchtenden Wangen, der lachte, als er Peter sah:

I ha ghört, du sigsch en unbeschtechliche und böse Maa. Aber i gsee scho, da isch Quatsch mit Sose, du häsch e gueti Seel! Chumm, mir nämed es Gläsli Blauburgunder! Pröschtli!

Als Peter nach zwei Tagen und zwei Nächten im Chrüzlischtichschritt nach Bettwiesen zurückkehrte, roch er nicht gerade frisch.

Häsch gsoffe?,

fragte seine Frau.

Allwäg!,

gab Peter zur Antwort, sprang Grind voran in den Dorfbach, wusch sich und schlief hernach zwei Tage durch.

Am Nachmittag des zweiten Tages entfachte seine Frau ein Feuer auf der Dorfwiese, ging dann von Haus zu Haus und verkündete:

De Peter wott öppis verzele, chömed am füfi uf d'Wise!

Als Peter eintrudelte, sah er ziemlich verschlafen aus.

Er stibitzte ein Chüngelibein, das über dem Feuer gebrutzelt hatte, nagte es ab, trank einen Liter Most, ohne einmal abzusetzen, und sagte dann:
I ha mit em Placidus abgmacht, das er sis Schloss nöd bi üs, sondern hinderem Hügel baut, wemer em es Meitli mitschicked, wo zu im goot go wone und em Gschichte verzelt, er hät schampar gern Gschichte.
Da die junge Frau ein aussergewöhnlich schönes Leben im Schloss erwarten würde, entschied man, dass die Betreffende durch eine Prüfung ermittelt werden sollte. Die ältesten drei Mädchen – Piroschka und die Zwillinge Pia und Piera – zählten 17 Lenze und eine von ihnen wollte man zu Placidus ziehen lassen. Da sie bis jetzt immer pünktlich um 18 Uhr zu Bett gegangen waren und nichts anderes kannten, wurde folgende Probe beschlossen: Diejenige, die eine Nacht lang alleine draussen bleiben konnte, musste die Mutigste sein.
Pia und Piera hatten Angst vor der Aufgabe, ganz im Gegensatz zu Piroschka. Sie war bei Huzeli aufgewachsen, einer alten Frau mit weissen Fadenhaaren, die im wenigen Wald, der Bettwiesen umgab, von dem lebte, was die Natur bot. Bei Huzeli lernte Piroschka viel über die Natur und geschlafen hat sie immer genauso früh wie die anderen Kinder. Bei der Prüfung machte sie gerne mit, sie wollte schon lange mal eine Nacht lang alleine draussen in der Natur sein.

Um sechs gingen alle Kinder ins Bett und auch die Erwachsenen zogen sich zurück. Doch kaum einer konnte schlafen, weil ein Unwetter über den Thurgau zog, das tiefkühlen Wind mitbrachte.

Was genau sich in dieser Nacht zugetragen hat, wird niemand je erfahren, aber die Eltern von Pia und Piera öffneten in dieser Nacht zweimal die Türe.

Beim ersten Mal war es Pia, die wütend sagte:

De Placidus cha mer de Puggel ab rutsche! I wüsst nöd, werum i dusse müest verfrüüre! I ha warmi Chleider und e Tecki debi gha und wenn da nöd langt, isch es afach z'chalt.

Ihre Eltern waren enttäuscht, auch wenn sie geahnt hatten, dass Piera den längeren Atem haben würde. Diese klopfte um vier Uhr, durchfroren bis auf die Knochen, und hatte, kaum war sie drin, sogar Chuenagel.

Die Mutter seufzte:

Und da Waisewiibli schafft da eh nöd... Jegerli nei, etz isch üsi Familie tschuld, das de Placidus sis Schloss in Bettwiese baut!

Aber ihr Mann entgegnete:

Mir mönd di guete Siite gsee. Vilicht chömed vil Lüüt us em Umland zum s'Schloss aluege und mir chönd en Huufe Härdöpfel verchaufe und so no en Batze verdiene!

Dieser Gedanke machte seine Frau wieder froh.

Bauer Poggenhofer war der Erste, der am nächsten Morgen aus dem Bett stieg. Er stapfte aus seinem

Haus, streckte sich, sah sich um und ...
Jesses, wa isch denn da?,
rief er und rannte querfeldein über die grosse Wiese. Mittendrin lag ein Mädchen und schlief. Er weckte es und es sagte schüchtern:
Guete Morge!
Um Bauer Poggenhofer war es sofort geschehen. Piroschkas blaue Augen raubten ihm den Verstand und bald läuteten die Hochzeitsglocken. Piroschka war stolz darauf, Bäuerin zu sein.
Die Bewohner von Bettwiesen hatten nun aber ein Problem: Das einzige Mädchen, das draussen übernachtet hatte, war verheiratet und konnte nicht zu Placidus ziehen. Dieser kannte kein Pardon und baute sein Schloss auf einem Hügel bei Bettwiesen. Erst, als er schon auf dem Schloss hauste, kam ihm die Geschichte des Mädchens zu Ohren, das die Unwetternacht draussen verbracht hatte. Er bestellte Piroschka zu sich aufs Schloss.
Lago mio,
sagte er und schenkte ihr und vor allem sich ein Glas Blauburgunder ein,
Wi häsch da gschafft, i sonere saugruusige Nacht dusse z'schloofe und denn a no zmittst uf ere Wise?
Piroschka nahm ein Schlückchen und erzählte, dass sie, als sie noch bei Huzeli im Wald gewohnt hatte, immer für die Rehe, den Fuchs und die Eule gesorgt und ihr Essen mit ihnen geteilt habe. Und

in dieser Nacht, in der sie seichnass auf der Wiese lag und vor Kälte geschlottert habe, wurde sie von einem Kitz, jungen Füchsen und einer kleinen Eule besucht. Das Kitz habe sich so auf den Boden gelegt, dass sie ihren Kopf auf seinen warmen Bauch betten konnte, die Fuchsjungen hätten sich an sie gekuschelt, sodass sie nicht frieren musste, und die Eule habe Rosenblätter gesammelt und auf ihrem Körper verteilt, auf dass der Regen von ihr abperle.

So habe sie tief und fest geschlafen, und als sie aufgewacht sei, seien die Tiere verschwunden gewesen. Placidus war sich nicht sicher, ob er das glauben sollte, aber er hatte einen Schwips und es war ihm schliesslich egal. Er mochte sie auf jeden Fall. Beide. Die Geschichte und Piroschka.

Er liess die Bürger zu sich kommen und verkündete: *Losed, i schenk eu e schöös Wappe, mit Rose und amne Chüssi druf, wenn di jung Pürin jede Sunntig zu mir is Schloss chunnt und mir Gschichte verzelt.*

Ein neues Wappen! Das hatten sich alle schon lange sehnlichst gewünscht. Piroschka freute sich auch: Sie hatte so viel Schönes im Wald erlebt, dass sie tagein, tagaus davon hätte erzählen können.

Als sie dem kleinen Burkhard das Leben schenkte, war sie im zweiten Jahr als Geschichtenerzählerin in Placidus' Schloss tätig und in Bettwiesen wurde gemunkelt, dass seine rot leuchtenden Wangen tupfgleich aussahen wie diejenigen von Placidus. Aber das ist natürlich nur ein Gerücht und da sollte man kein Öl ins Feuer giessen.

Der Sirenenzwerg vom Arenenberg

1. Gang: Selleriesuppe Arenenberg

Fahren Sie durch den schönen Thurgau, fahren Sie auf und ab, dann sehen Sie oberhalb des Untersees die Schloss-Schönheit Arenenberg. Sie steht auf einem Rebhügel, der im 16. Jahrhundert «Narrenberg» hiess – vielleicht weil er ahnte, dass er Schauplatz eines ziemlichen Theaters werden würde.

Der Name «Narrenberg» hätte der Königin von Holland, Hortense de Beauharnais, bestimmt nicht in ihren Königinnenkram gepasst, aber als sie Paris Richtung Ostschweiz verlassen und das Schloss Arenenberg 1817 gekauft hatte, war der Name ohnehin schon Geschichte.

Hortense war gleichzeitig Schwägerin und Stieftochter von General und Kaiser Napoleon I.

Sie können das einfach glauben.

Ab 1817 haben Hortense und ihr Sohn, Charles Louis Napoleon Bonaparte, der später Kaiser Napoleon der Dritte wurde, ihr Leben also oberhalb von Mannenbach und Salenstein genossen. So viel Amuse-Bouche zu dieser Geschichte.

Und jetzt

***Simsalalangfinger, Hokusthurgadoskus
und Fidibussnang…***

schreiben wir das Jahr 1818, Charles Louis ist zehn Jahre alt und auf dem Arenenberg ist es fünf vor zwölf mittags. Hortense hat eine Gesellschaft zum Essen eingeladen, unter anderem Mister Tiffany aus Neuengland. In der Küche steht Mariefee und zaubert. Mariefee ist die beste Chöchin vom Thurgau bis Paris und niemand kennt ihr Koch-Geheimnis. Noch nicht. Wie Mariefee zu ihrem Namen gekommen ist, ist allerdings kein Geheimnis. Früher war sie die schönste Küchenmagd von ganz Frankreich, ein zartes Persönli mit langen, blonden Haaren. In den letzten drei Jahren hat sie sich aber rigoros verändert. Sie sieht jetzt aus wie eine Fee, die täglich hundert Wünsche erfüllt und sich nach jedem Wunscherfüllen ein Praline gönnt. Sie ist gerade zum zweiten Mal fünfundzwanzig geworden und ihre Essensarrangements kommen immer perfekt daher, jedes Fiserli ist am richtigen Ort, so wie sie aber selber daherkommt, müsste man meinen, ihr Spiegel sei blind oder bösartig oder ihr Auftreten sei ihr so wie das, was sie in immer wieder anderen Varianten auf die Teller bringt, nämlich Wurst.

Hortense erkannte Mariefees Kochtalent, machte sie nach der Geburt von Charles Louis zu ihrer persönlichen Köchin und nahm sie mit auf den Arenenberg.

Mariefee lässt niemanden in die Küche, wenn sie am Werk ist. Wenn sie kochzaubert, stehen die Küchenmägde draussen und pressen ihre Ohren an der Türe flach, so auch heute, an diesem schönen Sonntag. Aber wieder hören sie kein Sprudeln, kein Schaben, kein Schnippeln, kein Spritzen – sie vernehmen nur ein Chüschele, verstehen aber kein Wort.

Ganz im Gegensatz zu Charles Louis Napoleon Bonaparte. Er hört aus seinem Versteck in einem grossen Topf unter der Anrichte genau, was Mariefee zischt: *Für da Süppli nimm i e Chlüppli, schniid Fingernägli ab und raffle Chnüüschiibe drii und wenn ales im Chnochesaft weich gchochet isch, gits en Gutsch Schpeuz dezue! Dänn schmöck i alles mit Schweiss ab und dekorier da Süppli mit gchrüselete Hoor ... Jo du Lappi, wart nu, di schnapp i und denn choch i di! Wuet chocht guet, zige zage zige zage hoi hoi huet!*

Mariefee packt ihre Suppe und geht damit ins Esszimmer, die Küchenmägde weibeln hinterher. Charles Louis Napoleon Bonaparte springt aus dem Topf und wetzt ihnen nach. Er ist total durcheinander – er wollte doch nur Mariefees Kochgeheimnis lüften! Und jetzt das: Mariefee kocht Menschen! Er klettert in dem Moment auf seinen Stuhl, als die Köchin mit dem Schöpfen beginnt. Diese Suppe, das weiss er ganz genau, wird er niemals essen können!

Hortense bückt sich zu ihrem Sohn.
Charles Louis Napoleon Bonaparte, häsch schö gschpillt?,
möchte sie gerne sagen. Aber sie hat Kohldampf und der Name ihres Sohnes ist so unendlich lang. Und eigentlich, denkt sie, spielt es ja keine Rolle, welcher Napoleon er ist. Hauptsache, er kommt an die Macht. Darum sagt sie kurz und bündig:
Min liebe chliine Nappi, häsch schö gschpillt?
Kaum hat sie den Namen ausgesprochen, lässt Mariefee den Schöpflöffel fallen, greift nach der Glaskaraffe auf dem Beistelltisch und schleudert sie an die Wand. Die Karaffe verscherbelt in tausend Stücke, die Wassertropfen rinnen dick und dünner der königsblauen Tapete entlang und Mariefee – rennt davon.
Hortense zuckt mit den Schultern. Sie weiss, dass ihre Köchin ein leidenschaftliches Frauenzimmer ist. Und der Lärm kann sie auch nicht aus der Ruhe bringen: Während der Französischen Revolution hat sie viel lauteres Knallen gehört als das einer berstenden Glaskaraffe.
I ... äh, mach etz scho e Mittagsschlööfli,
sagt der kleine Nappi.
Hüt schpined irgendwie ali,
denkt Hortense, nickt aber zustimmend – welches Kind macht schon freiwillig einen Mittagsschlaf? Herr Tiffany lächelt ihr zu. Er hat auch einen Sohn und diesen in Verbundenheit mit Hortense ebenfalls

Charles getauft, Charles Lewis. Die Scherben der Karaffe glänzen im Sonnenlicht wie kleine Schmuckstücke und kitzeln Herrn Tiffany in den Augen.

Er wird – zurück in Amerika – seinem Sohn von diesen Schmuckscherben vorschwärmen und Charles Lewis wird daraufhin Tiffanys & Co. gründen. Charles Lewis' Sohn – Louis Comfort Tiffany – wird später bemängeln, dass dieses Schmuckgeschäft mit seinen Armbändern und Chetteli gar nichts mehr mit den vom Vater verehrten Scherben zu tun hat, und darum die Tiffany-Glaskunst erfinden, bei der man farbige Scherben zu Spiegelumrahmungen und Lampenschirmen zusammensetzt.

Item.

Nappi macht sich auf die Suche nach der verschwundenen Mariefee. Er will unbedingt wissen, warum sie Menschen kocht! Er streicht durch die Büsche und Sträucher des Schlossparks, bis er ihr Klagen aus der Eremitage vernimmt:

Du tumme Cheib! Dötzmool han i dir in Paris es Huen Marengo uf s'Zimmer brooght, aber du häsch es schtoo loo und mich afach schtürmisch gküsst! Vo döt aa bin i dini Liebschti gsii, bis du vor drü Joor afach schpurloos verschwunde bisch! Lueg mi aa! Sit mi dini Liebi nüme tränkt, bin i verwelkt. I hasse di für da und wird di bi lebendigem Liib verchoche!

Ein gigantisches Schneuzen erschüttert den Schlosspark und der kleine Nappi rennt auf und davon. Man müsste meinen, dass sich ein Zehnjähriger einen Deut um den Liebeskummer Erwachsener schert. Aber er hat in seinem kleinen Leben mit seinem herrschsüchtigen Onkel Napoleon schon viele leidende Menschen gesehen und möchte Mariefee unbedingt helfen, damit sie wieder glücklich wird.

2. Gang: Arenenberger Sonntagsbraten

Eine Woche nachdem Mariefee in der Eremitage Tränen vergossen hat, ist es wieder so weit: Hortense hat eine grosse Gesellschaft eingeladen. Heute sind es Johann Wolfgang von Goethe und sein Gefolge. Als alle andächtig Suppe essen,
Ach! Ein Hochgenuss!
schwärmt Goethe, fehlt nur einer – der kleine Nappi. Seiner Mutter sagte er, er würde erst auf den Hauptgang zum Essen kommen, in letzter Zeit plage ihn nach den Suppen immer Magenbrennen.
Sonen Grosse, min Chliine!,
dachte Hortense,
ein, wo sich selber guet cha luege, da isch wichtig, wenn er denn mol in Chrieg goot.
Der kleine Nappi aber sitzt in seinem Versteck im Topf und hört zu, wie Mariefee zaubert.
Du Satansbroote, i choch dis frech Züngli us! Denn schloo der e Schtuck us dim vom blöde Schtolz duretruckte hoole

Rugge und leg en in Schweiss vo dine Chriegsfüess ii. Da loon i ales im Saft lo ligge, so win-i i dinere Liebi gschwumme und am Schluss versoffe bi!

Dem folgt ein Tränenplatzregen und der kleine Nappi weiss: Jetzt oder nie – jetzt hat Mariefee dermassen verbrüeleti Augen, dass sie nichts mehr erkennen kann. Darum streckt er den Kopf aus dem Topf und – staunt. Messer und Pfannen sind unberührt, Mariefee ist alleine in der Küche und geht um den Rüsttisch herum, auf dem nichts anderes liegt als ein Hut. Es ist ein besonderer Hut, ein Zweispitz, bei dem die Krempe so aufgestellt ist, dass sich auf den Seiten Spitzen bilden.

Mariefee zischt:

Du Lappi, wart nu, di schnapp i und denn choch i di ii! Wuet chocht guet! Zige zage zige zage hoi hoi huet!

Und der Hut – macht einen Satz und gibt einen dampfenden Braten frei. Der kleine Nappi kann sich nicht mehr halten und springt aus dem Topf. Mariefee wirbelt herum, packt den Kleinen am Schlafittchen und kreischt:

Wa machsch du do?

I han nu wöle wüsse, wa dis Chochgheimnis isch und bi froo, isch es kai Menschefleisch und …

Jo woher,

lacht sie listig,

wotsch du wüsse, dass de Broote nöd us Menschefleisch isch? Sit i Liebeschummer ha, chan i zwar nüme choche, defür aber zaubere! Und de, wo da als Erschte usefindt, de muen i verchoche, und da bisch etz aso du! Es git nume ei Retti für di und i säg si der, wenn d'hüt Mittag i d'Eremitage chunsch. Etz gang, i muen pressiere!

Sie packt den Braten und gibt der Türe einen kräftigen Tritt. Die Küchenmägde folgen Mariefee mit grossen

Ohhhs und Ahhhs,

weil der Braten so verlockend duftet. Auch der kleine Nappi secklet hinterher.

Mariefee steht schon zwischen Hortense und Goethe, um ihnen die besten Stücke des Bratens anzubieten, da sagt Hortense zu ihrem Sohn:

Guet bisch doo, log, da isch de Herr Goethe, de schriibt! Chliine Nappi, säg am ...

Weiter kommt sie nicht. Mariefee lässt ein Löwinnenbrüllen hören, reisst das lila Hortensienbouquet aus der Vase, zerfetzt es in der Luft und stürmt davon. Goethe, der das Intermezzo mit grösstem Vergnügen beobachtet hat, fragt:

Wohin, ach, ist die Frau Köchin entschwunden und wo, liebe Hortense, dreht sie jetzt ihre Runden?

Hortense zuckt mit den Schultern:

Kai Aanig!

Aber i! I han e Aanig!,

flüstert der kleine Nappi. Goethe beugt sich zu ihm:

Dann sag, junger Mann, ach! wohin ist sie gewandelt?

In Schlosspark abe!

Goethe zwinkert ihm zu und beginnt laut zu klönen:
Zwei Seelen wohnen, ach! in meiner Brust! Die eine will feinen Braten speisen, die andere hat sich wohl auf der Reise bei der Reisespeise einen Virus eingefangen, der immer noch im Magen will hangen! Oh Hortense, lasst mir von eurem Sohn mein Zimmer zeigen, auf dass ich mich ausruhen kann.

Hortense hat nichts dagegen. Ihr scheint ohnehin, der Sonntagsbraten sei etwas klein geraten und wenn nicht alle mitessen, gibt es für sie eine Tranche mehr. Der kleine Nappi bringt Goethe in den Schlosspark und erzählt ihm von Mariefees Kochzauber. Schon von Weitem hört man aus der Eremitage lautes Weinen. Bevor Goethe eintritt, sagt er:
Charles Louis, so leid es mir tut, ich ahne, dass sie mir eine Geschichte erzählen wird, die nicht gut in jungen Ohren ruht.

Das Einzige, was Nappi noch hört, ist Mariefees verwunderte Stimme:
Ah, voilà Goethe! Vous êtes un homme?

Als der grosse Dichter nach zwei Stunden aus der Eremitage stürchelt, erklärt er dem kleinen Nappi:
Junger Mann, ach! Es geht um dein Leben! Mariefee will dich kochen, denn du erinnerst sie in fünf Kleinigkeiten an ihre grosse Liebe, die sie ach! verlassen hat. Du sollest mit deinem Leben bezahlen, aber lass dir sagen: Verkocht zu werden bedeutet Qualen! Gerne möchte ich dir helfen und

für den Mann, den sie liebt, einen Brief verfassen und ihn bitten, Mariefee wieder in seine Arme zu lassen.
Bevor Goethe sich ans Schreiben macht, bewundert er noch die Blumenpracht im Schlossgarten und denkt darüber nach, eine überarbeitete Version seiner «Geschichte meiner botanischen Studien» zu publizieren, für die er die Schönheit, die ihn hier umgibt, in Worte fasst.

Am nächsten Morgen schiebt er dem schlafenden kleinen Nappi den Brief unters Kopfkissen und geht mit einem tonlosen *Ach!* auf den Lippen aus dem Zimmer, ohne zu bemerken, dass jemand auf winzigen Füsschen hineinschleicht.

3. Gang: Arenenberger Apfeltorte

Immer wieder sonntags hat Hortense Gäste aufs Schloss Arenenberg eingeladen. Heute ist es William Russell Frisbie Senior aus Connecticut. Bis jetzt läuft alles bestens: Suppe, Hauptgang – alles ist heil in den Tellern angekommen. Nur etwas ist nicht perfekt: Nappi fehlt in der Runde. Er hat Hortense erklärt, dass er nicht zum Mittagessen kommen könne, weil er etwas Kleines gefunden habe, das …
Isch scho guet,
unterbrach ihn Hortense und dachte, dass er wohl

wieder einmal einem Käfer das Leben retten wolle und dass ein bisschen Naturverbundenheit gut sei, da er schliesslich später einmal aufs Feld müsse.

Aber es war kein Käfer, den der kleine Nappi in seinem Zimmer entdeckt hatte, nachdem Herr Goethe abgereist war. Es war ein Zwerg, klein wie das Horn eines Zickleins.

Wer bisch du?,

fragte der kleine Nappi.

I bi de Sirenezwerg vom Areneberg! Und du häsch mi erlöst! I han müese im Bode lebe, bis öpper usegefunde hät, das d'Marifee nöd chochet, sondern zauberet! I hilf ire, dass si iri Liebi wider findt! Nu wenn si glücklich isch, wirsch du nöd verchochet!

Der kleine Nappi war erleichtert und wollte wissen, was der Sirenenzwerg tun würde.

I warte, bis i e Sirene ghör, uf da sind mini Oore schpezialisiert. Denn gang i mit em Brief vom Herr Goethe dött ane, wo d'Sirene herchunnt, dött isch de Marifee iren Liebschte. Wenn er de Brief gläse hätt, holt er d'Marifee zu sich, musch nu luege!

Unterdessen wartet der Sirenenzwerg schon seit einer Woche auf die Sirene. Der kleine Nappi bleibt bei ihm und hält sich von der Küche und Mariefee fern. Heute wäre er aber besonders gerne beim Essen dabei, denn er liebt Apfeltorte, und die steht auf dem Menüplan. So sitzen die beiden im Zimmer

und Nappis kleiner Magen knurrt. Plötzlich schreckt der Sirenenzwerg auf:
Schtill! Schtill! I ghör d'Sirene!
Und ja – ganz schwach hört man ein an- und abschwellendes Heulen. Der Zwerg faltet den Brief 102mal, bis er in seine Zwergentasche passt, und ruft:
Sirenezwick! Sirenezwack! Sirenezwerg!
und – ist weg, aufgelöst, zurück bleibt nur ein Zwergenräuchli.
Der kleine Nappi eilt in die Küche. Auch wenn er sich damit in Gefahr begibt – er muss Mariefee unbedingt sagen, dass der Sirenenzwerg auf dem Weg zu ihrem Liebsten ist! Doch sie nimmt ihn gar nicht wahr, als er durchs Fenster in die Küche klettert. Sie geht mit schweren Schritten um den Tisch mit dem Zweispitz und murmelt:
I mach e Türtli us dine Öpfelbäggli, du min gliebte, chliine Na…
Marifee, exgüse.
meldet sich der kleine Nappi.
Wer isch do?,
kreischt Mariefee.
I, de chlii Nappi!
Mariefee gerät in Rage:
NAPPI! Du hinderletschte Sürmel mit de füüf falsche Buechschtabe! Pass uf, Wuet chocht guet, zige zage zige zage hoi hoi huet!

Der Hut macht einen Satz und gibt den Blick auf die perfekte Apfeltorte frei, sie thront golden auf einem glänzenden Blech und füllt die Küche mit süsswarmem Duft. Mariefee packt das Blech und schleudert es wutentbrannt aus dem Fenster. Es fliegt ins Esszimmer, dort haut es die Torte vom Blech und das Prachtgebäck klatscht an die Wand und rutscht die königsblaue Tapete hinunter, ein Bild, als würde sich ein fulminanter Sonnenuntergang im Bodensee ertränken.

Das Blech fliegt weiter und aus dem Fenster des Esszimmers mit Seesicht hinaus.

William Russell Frisbie Senior ist fasziniert. Er wird die Idee mit nach Hause nehmen und mit seinem Sohn immer wieder Tortenblechwerfen spielen. Der Sohn indessen wird 1871 in seiner Bäckerei «Frisbie Pie Company» Torten in kreisrunden Blechen – sogenannte «Pie-Tins» – verkaufen und die Käufer auffordern, erst die Torte zu geniessen und dann das Blech wegzuschleudern. Daraus wird sich der Frisbee entwickeln und als amerikanische Erfindung in die Geschichte eingehen. Aber das stimmt halt einfach nicht, er hat Wurzeln im Thurgau.

Hortense ist grundsätzlich ein geduldiger Mensch. Jetzt ist sie aber sauer. Sie wollte Herrn Frisbie mit der Arenenberger Apfeltorte beeindrucken, schliesslich ist es das Meisterstück in Mariefees Kochrepertoire! Sie stürmt in die Küche und findet dort eine

Batterie aufgeregt schnatternder Küchenmägde, ihren chäsbleichen Sohn und Mariefee vor, die aufgelöst schluchzt:

Er hät mi verloo! Min chliine Nappi isch vor drü Joor uf und devo und i ha nie me öppis vonem ghört!

Hortense versteht die Welt nicht mehr:

Wie, was, wo? Wer hät di verloo? De chlii Nappi? Min Charles Louis?

Natürli nöd! Aber du seisch am Charles Louis Nappi! Und i ha mim Napoleon au immer Nappi gseit, nöd Schatz, Schnügeli oder Müüsli! Jedes Mool, wenn du am Nappi rüefsch, erinnereds mi a min Nappi, wo mi verloo hät!

In der Küche ist es auf einmal ruhig, und so vernimmt man das Heulen der Sirene. Es schwillt an, wird lauter und lauter.

Hortense fragt ungläubig:

Aso dä Napoleon? Min Schtiifvatter und Schwooger? Marifee, de isch doch nöd verschwunde, de isch ...

Ihre Stimme geht in den aufgeregten Rufen der Küchenmägde unter,

wa isch da, wa isch da?

fragen sie,

da isch d'Sirene vom Sirenezwerg und i bi erlöst!,

jubelt der kleine Nappi.

Der Hut auf dem Tisch stellt sich auf einen Spitz und tänzelt Loch voran auf Mariefee zu, die Sirene wird immer lauter,

de Napoleon isch nöd verschwunde!,
ruft Hortense,
de hät uf Sankt Helena i d'Verbannig müese!
Plötzlich mischt sich eine Stimme ins Sirenengeheul, die Stimme ist dunkel und dehnt sich in ein langes:
Chuumm Marifee, chuumm zu mir!
Mariefee saust wie magnetisch angezogen auf den Zweispitz zu und – verschwindet im Loch. Der Hut fällt vom Spitzentanz zurück in die Horizontale, die Sirene verstummt und in der Küche sieht alles aus wie vorher.

Aber es ist nichts mehr wie vorher.

Die Küchenmägde probieren alles, um eine delikate Selleriesuppe Arenenberg, einen deftigen Arenenberger Sonntagsbraten und eine duftende Arenenberger Apfeltorte zuzubereiten, aber nie schmeckt ein Gericht so vorzüglich wie damals, als Mariefee noch in der Küche gezaubert hat.
Charles Louis Napoleon Bonaparte heisst nun Charles Louis Napoleon Bonaparte. Hortense getraut sich nie mehr, ihn «min chliine Nappi» zu nennen.
Der Sirenenzwerg beschliesst, bis zu seiner Pensionierung auf St. Helena zu bleiben. Nachdem er so lange in der Erde hausen musste, schätzt er die Wärme im Südatlantik ausserordentlich.

Und man fragt sich natürlich, was Mariefee gemacht hat, als sie endlich auf St. Helena und bei ihrem Napoleon war; ob ihre Wut wohl verrauscht ist und sie ihn nicht mehr einkochen wollte.
Ich weiss es nicht.
Aber Sie kennen sicher dieses Dessert. Sie wissen schon, diesen Coupe mit einer Birne, die an die Silhouette eines Menschen erinnert. Mit Vanilleglace, rund wie eine Kugel Choder. Mit Schlagrahm wie aufgeschäumter Knochenstaub und flüssiger Schoggi, dick wie altes Blut… Also ich esse ganz sicher minerlebtig keinen Coupe «Belle Hélène» mehr!

Die Rezepte*

Selleriesuppe Arenenberg

1 Zwiebel, gehackt Kochbutter	*kurz andünsten*
200 g Sellerie 250 g Äpfel, geschält	*in kleine Würfel schneiden, mitdünsten*
7–8 dl Bouillon	*Kochgut knapp bedecken, weich dämpfen. Pürieren und Bouillon zufügen, bis gewünschte Konsistenz erreicht ist, kurz aufkochen*
1–2 dl Vollrahm Curry, Muskat	*abschmecken*
Rapsöl, kalt gepresst	*tropfenweise auf die angerichtete Suppe giessen*

Arenenberger Sonntagsbraten
für 6 bis 8 Personen

1,2 – 1,6 kg Rindsbraten
gespickt oder ein Stück
vom Hohrücken
(auch junges Kuhfleisch)
1 Markbein oder
2 andere Saucenknochen
2 Schweinsfüsschen

Braten und Knochen in ein glasiertes Keramikgefäss legen

Beize
1 – 2 l Saft vom Fass (Apfelwein),
je nach Grösse des Gefässes
2 Zwiebeln, in Streifen geschnitten
2 Knoblauchzehen, grob gehackt
1 Lorbeerblatt, Nelken
6 Wacholderbeeren, zerdrückt
1 Lauch, in Stücke geschnitten
1 Rüebli

Saft über das Fleisch giessen, bis es ganz mit Flüssigkeit bedeckt ist. Die übrigen Zutaten dazugeben. Das Gefäss zudecken und kühl mindestens fünf Tage stehen lassen. Während dieser Zeit Fleisch einmal wenden

Zubereitung

Braten aus der Beize nehmen, abtropfen lassen, trocknen. Saftbeize mit allen Zutaten und Gewürzen aufkochen, beiseite stellen.

80 – 100 g Mehl	*In einer Chromstahlpfanne ohne Fett mit mässiger Hitze hell- bis goldbraun rösten. Beiseitestellen*
eingesottene Butter	*bei mittlerer Hitze Fleisch und Knochen allseitig schön dunkelbraun anbraten. Alles herausnehmen*
150 g Speckwürfeli 1 kleines Glas Perlzwiebelchen (gut abgetropft) oder 5 – 6 frische Saucenzwiebelchen	*Im Fond knusprig braten, Zwiebelchen dürfen hellbraun sein*
geröstetes Mehl	*dazugeben, mit den Zwiebeln und Speckwürfeli vermischen*

Aufgekochte Saftbeize (zirka 5–8 dl)	*Abgesiebt dazugiessen. Mit einem Schwingbesen gut aufrühren und einmal aufkochen lassen*
1 gestrichener TL Salz etwas Bouillon wenig Pfeffer und Paprika	*Sauce würzen*
Braten und Knochen	*beigeben und je nach Mürbe des Fleisches zugedeckt auf kleinem Feuer schmoren (1 ½ bis 2 Stunden)*
100 g Sultaninen	*nach zirka einer Stunde Kochzeit zugeben, gut umrühren und die Sauce evtl. nachwürzen. Braten fertig schmoren*
Süss- oder Sauerrahm	*vor dem Anrichten dazurühren*

Den Braten nach der Garzeit in Tranchen schneiden. Auf vorgewärmten Platten anrichten. Mit einer Schaumkelle Speckwürfeli, Zwiebelchen und die Sultaninen herausfischen und über die Bratentranchen geben und Sauce darübergiessen, bis das Fleisch knapp bedeckt ist.

Arenenberger Apfeltorte
für eine Springform von etwa 24 cm Durchmesser

Springform	*mit Backtrennpapier so belegen, dass ein Rand von mind. 3 cm stehen bleibt*
60 g Butterflöckli	*darauf verteilen*
ca. 3 EL Zucker, evtl. Rohrzucker	*auf die Butter streuen*
1–2 Handvoll Baumnüsse gehackt oder Mandelsplitter	*draufstreuen*
ca. 750 g Äpfel (Boskoop)	*schälen, in dünne Schnitze schneiden, dekorativ auf dem Boden anordnen*

Gerührter Teig
100 g Butter *schaumig rühren*

200 g Zucker
3 Eier
Saft und Schale von 1 Zitrone
2 EL Kirsch
250 g Mehl
2 gestr. TL Backpulver
evtl. etwas Milch

Zucker und Eier dazu, Zitronensaft, Mehl und Backpulver dazusieben, evtl. Milch zufügen, bis ein geschmeidiger Teig entsteht

Teig auf die Äpfel verteilen und glattstreichen

Backen:
Bei 180 °C während 45 Minuten, die ersten 20 Minuten direkt auf dem Ofenboden, 25 Minuten auf der untersten Rille.
Sofort nach dem Backen auf ein Kuchengitter stürzen, Springform lösen und Folie vorsichtig abziehen, auskühlen lassen. Nach Belieben mit Schlagrahm garnieren.

* Die Rezepte stammen aus dem «Thurgauer Kochbuch», Verlag Huber, ISBN: 978-3-7193-1466-8 von Barbara Fatzer aus Thundorf. Das Buch ist vergriffen, aber bei der Autorin noch erhältlich.

Die Ruine Heuberg

Im zwölften Jahrhundert hausten auf der Burg Last, die damals Burg Schönenberg hiess und bei Kradolf-Schönenberg zu finden ist, die Herren von Schönenberg. Zwei Frauen dieser Herren brachten am tupfgleichen Tag je einen Sohn zur Welt – einer schön, der andere besonders.

Der schöne Rudolfus und der besondere Bertoldus wuchsen auf, als seien sie Brüder. Ihre Mütter sangen ihnen zum Einschlafen das Lied vom Leben und Werchen an der Thur vor, sie schliefen in derselben Wiege und spielten den lieben langen Tag mit Steinen, Holz und Erde. Es war eine Freude, dem schönen Rudolfus beim Spielen zuzuschauen, so wie er wunderbar grazil Stein auf Stein stapelte, er, der Prachtskerl mit seiner gülden schimmernden Haut und dem dunkelbraunen Haar, dicht wie eine Kappe. Beim besonderen Bertoldus musste man sich aber wundern, denn er spielte ganz anders als die anderen Kinder! Einmal legte er aus Steinen Schienen, aus Holzstücken Zugwaggons und knetete aus Erde eine Lokomotive und erfand so die Schweizerische Bundesbahn lange, bevor es sie gab.

Trugen die Buben Wettrennen aus, machte Bertoldus immer Zweiter. Nicht nur, weil Rudolfus die längeren Beine hatte, sondern auch, weil Bertoldus während des Rennens damit beschäftigt war, auszurechnen, wie viele Schritte er für wie viele Meter brauchte und wie sich das im Quadrat mit der individuellen Beinlänge auf das Renntempo jedes Menschen hochrechnen lässt.

Die Schönenberger fanden kaum mehr aus dem Staunen über Rudolfus' blühende Schönheit heraus, aber Bertoldus' Ideen und Erfindungen machten ihnen zunehmend Angst.

Den beiden war das egal. Sie waren beste Freunde und richtige Lausbuben. Mit zwölf Jahren schnorrte Rudolfus zum Beispiel mit seiner klangreinen Stimme den Schönenberger Mädchen die Strümpfe ab. Der besondere Bertoldus knüpfte die Strümpfe zu Seilen und machte daraus eine Schrägseilbrücke über die Thur. Aber damals, im zwölften Jahrhundert, fand das noch niemand toll, nein, alle fanden es komisch, so komisch, dass sich die Mutter des schönen Rudolfus an die Mutter des besonderen Bertoldus wandte und sagte:

I ha Angscht, das min schöne Bueb sich vo de gschpässige Ideeä vo dim Bueb aaschtecke loot, drum bitte, schick en weg vo de Burg, schick en wiit, wiit weg!

Bertoldus' Mutter tat es, wenn auch unter Tränen. Sie hatte nur einen Trost: Wenn Bertoldus wirklich ein so besonderer Bub ist, dachte sie sich, würde er seinen Weg durch die Welt auch alleine machen.

Die Schönenberger waren sehr erleichtert, als das kurlige Kind endlich weg war.

Alle – ausser dem schönen Rudolfus. Aber er schrie nicht, er trotzte nicht, im Gegenteil: Er wurde still und stiller und sprach bald nicht mehr, mit niemandem. Und es kullerten ihm von dem Tag an, an dem Bertoldus über alle Berge gehen musste, jeden Tag zwei Tränen über die Wangen, eine aus dem linken und eine aus dem rechten Auge, und mit jeder Träne schwand ein bisschen von seiner Schönheit, und nach sechs Jahren, als er 18 war, sah er aus wie ein alter Hochstamm-Apfelbaum im Winter: dünn und traurig. Bald vergass man, dass es in Schönenberg einmal einen wunderschönen Rudolfus gegeben hatte.

Der besondere Bertoldus war aber so besonders, dass ihm immer die Ohren läuteten, wenn Rudolfus an ihn dachte, und man kann sich vorstellen, dass es ein ziemliches Geläute war in Bertoldus' Ohren. Er spürte, dass es seinem besten Freund schlecht ging, und gleichzeitig wusste er auch, dass er nicht zurück nach Schönenberg konnte, weil sich dort alle davor fürchteten, dass er die Kinder mit seinen Ideen anstecken würde.

Darum wartete er, bis er volljährig war und ihm niemand mehr etwas zu sagen hatte, und dann machte er sich auf zur Burg Schönenberg. Er kam mitten in der Nacht an, stieg in den Turm ein und weckte Rudolfus. Hei, wie der sich freute, als er die Augen aufschlug!

Hausch mit mer zämen ab i d'Welt?,
fragte Bertoldus,
I han jedes Land gsee und jedes Meer und i wott der ales zeige!

Rudolfus nickte und sagte mit schwacher Stimme – schliesslich sprach er nach sechs Jahren zum ersten Mal wieder:

Aber i wott do öppis hinderloo. Öppis Grooses und Feschts, wo ali immer dra erinneret, das me da, wo zämeghört, nöd törf trene, so wi me üs nie hett törffe trene.

So begannen der besondere Bertoldus und Rudolfus, der in jener Nacht – im hellen Mondenschein konnte man es gut sehen – jede Minute wieder schöner und schöner wurde, auf der anderen Seite der Thalschlucht – auf dem Höhberg – heimlich eine zweite Burg zu bauen, immer in der Nacht, damit sie niemand dabei ertappte.

Sie waren noch nicht lange am Werk, da sagte Bertoldus zu Rudolfus, der gerade die Steine für die Mauer blitzblank putzte:

I han e Idee. Schtell der vor, irgendwänn i de Zuekunft, vilicht im einezwanzigschte Jorhundert, würed Lüüt verbi cho und üsi Burg aaluege, afach e fixfertigi Burg wie d'Burg Schöneberg. Da wär doch langwilig! S'wär vil luschtiger, wenn d'Lüüt nume gad da würed gsee wo mer bis etzt baut händ und s'Gfüül hettet, die paar Schtei do wäred mol e groossi Burg gsii!

Beim Gedanken daran, wie sich die Leute eine Burg vorstellen würden, die es gar nie gegeben hatte, musste sich Bertoldus vor lauter Lachen den Bauch halten. Rudolfus fand es nicht so lustig – ihm hätte eine richtig schöne Burg besser gefallen,

aber jänu,

dachte er,

wemer scho fertig sind, chan i defür etz gad mit em Bertoldus use i d'Welt.

Sie liessen die Steine Steine sein, zogen los und lebten ein schönes und besonderes Leben. Und manchmal stellten sie sich vor, wie später einmal Leute vor dem Steinhaufen stehen und glauben würden, dass es auf dem Höhberg einmal eine Burg gegeben hatte. Sie dachten sogar über den Namen nach, den die Leute dieser Burg geben würden.

Höhburg vilicht?,

schlug Rudolfus vor,

na nei,

Bertoldus schüttelte den Kopf,

öppis anders... Hö villicht... He oder Hoi? Hoioioi... – Heuburg oder... warum nöd gad Heuberg?

Und so ist das entstanden, was wir die Ruine Heuberg nennen. Es ist vielleicht kein schöner, aber ein ganz besonderer Haufen Steine, der uns daran erinnert, dass man das, was zusammengehört, nicht trennen darf.

Darum die Thur

Sandra telefoniert. Schon wieder. Kaum waren wir in Hauptwil in die S5 eingestiegen, zückte sie ihr Handy. Dabei war ich gerade noch in richtig besinnlicher Stimmung, wir waren nämlich in der Kirche Maria Geburt in St. Pelagiberg gewesen. Mir hat es gut gefallen, aber Sandra schien nervös. In einer Kirche ist ihr zu wenig los und sie kann sich nicht in Ruhe hinsetzen und innehalten, das wäre in ihren Augen wohl purer Stillstand, den sie tunlichst vermeidet. Mir scheint, sie macht jeden Tag noch mehr Tempo; immer ruft sie noch irgendwen an, um noch etwas abzumachen und einen Termin in die volle Agenda zu würgen, und so sind wir ständig unterwegs. Passend, dass der Zug, in dem wir sitzen, «Thurbo» heisst. Früher fuhr auf dieser Strecke die Bischofszellerbahn.
Di schwarz Madonna mu me afach gsee ha, da ghört zur Allgemeinbildig!
Ob ihre beste Freundin Mia am anderen Ende ist? Ich frage nach:
Wuuuääää?
Pscht, Schätzli,

erwidert Sandra,
i telefonier gad.
Das sehe ich doch selber! Dass sie telefoniert und alles verpasst, was es zu sehen gibt. Zum Glück hat sie daran gedacht, mich so zu platzieren, dass ich aus dem Fenster schauen kann. Wir fahren gerade in Bischofszell ein. Die Kleinstadt hat den Wakkerpreis für ihren Ortsbildschutz wahrlich verdient. Erhalten hat sie ihn lange vor meiner Zeit, nämlich im Jahre 1987. Das lachsfarbene Rathaus gefällt mir am besten. Hellgrün und Orange mag ich auch. Aber von diesen sanften Rosatönen, die Sandra mir aufdrängt, habe ich die Nase voll. Das könnte ich ihr endlich einmal sagen:
Wuuuäääää!
Sie schaut mich besorgt an. Ganz so, als hätte ich nicht Rosa, sondern Röteln gesagt.
Exgüsi Fra Büsi, i mu ufhöre, i lüüt der schpööter wider aa. Tschüssli!
Endlich wendet sie sich mir zu:
Wa isch, min Schpatz? Häsch Hunger? Aso, log do!
Sie legt ein offenes Tupperware mit Guetsli in meinen Schoss. Was freue ich mich darauf, älter zu werden und kraftvoll zubeissen zu können. Dann gibt es endlich etwas anderes zu essen als diese ewigfaden Guetsli.
Wir passieren Sitterdorf und sind jetzt auf einem Abschnitt des SBB-Streckennetzes unterwegs, auf

dem nur leichte Triebfahrzeuge zugelassen sind. Der Grund sind zwei Brücken zwischen Hauptwil und Bischofszell Nord, deren maximale Meterlast 6,4 t/m beträgt. Das würde ich Sandra gerne wissen lassen, aber sie hat den Laptop aufgeklappt und ihre Fingerspitzen gleiten so schnell und geräuschlos über die Tasten, dass man gar nicht weiss, ob sie sie wirklich berührt.

Sie hat ihre Arbeit bei einer Telekommunikationsfirma kurz nach der Geburt wieder aufgenommen und verhilft den Kunden zu schnelleren Internet-Verbindungen. Alle wollen heute so schnell wie möglich surfen, downloaden, gamen und was weiss ich. Wie wird das erst sein, wenn ich einmal gross bin?

Seit Bischofszell Nord folgt der Thurbo in etwa dem Verlauf der Thur. Ihr Name leitet sich vom indogermanischen Wort «dhur» ab, das bedeutet: «die Fliessende». Das gefällt mir sehr gut, ist es doch die Bestimmung des Flusses, immer weiterzufliessen und nie stehen zu bleiben – ganz im Gegensatz zu uns Menschen! Wir dürfen getrost stehen bleiben und uns ausruhen. Ich für meinen Teil habe keine Wahl, ich kann noch nicht stehen.

Sandra hat leider keine Zeit für die Weisheit, die man dank Flüssen gewinnen kann, sie starrt auf ihren Bildschirm. Aber eines Tages werde ich ihr erzählen, was der Philosoph Heraklit rund 500 Jahre vor Christus sagte:

Man kann nicht zweimal in denselben Fluss steigen, denn andere Wasser strömen nach.
Goethe sagte es ähnlich:
Ach, und in demselben Flusse schwimmst du nicht ein zweites Mal.
Finden Sie eigentlich, dass ich zu viel denke? Ich kann das noch ganz schlecht einschätzen. Sandra und Stefan sind sich einig, dass ich zu viel schreie. Aber ich kann nicht anders, es ist ein innerer Drang.
Wir sind in Sulgen. Der Zug hält. Ich habe Durst.
Wuuuäää!
Sandra schaut vom Computer auf, als würde sie mich zum ersten Mal sehen. Dabei kennen wir uns schon seit fast einem Jahr!
Sodeli, etz schpil i denn gad mit dir, du Härzigi du!
Hallo? Ich will doch nicht spielen! Ich will trinken! T-r-i-n-k-e-n! Damit sie begreift, dass die trockenen Guetsli durstig machen, fege ich das Tupperware zu Boden.
Nei, aso, da törsch nöd mache!,
schimpft Sandra, sammelt die Guetsli mit hektischen Bewegungen ein und straft mich einen Moment mit Nichtbeachtung.
Um mich von meinem Durst abzulenken, rezitiere ich gedanklich ein Gedicht. Natürlich eines, das ich mir selber ausgedacht habe! Die Thur, an der mich Stefan und Sandra kürzlich spazieren gefahren haben, hat mich dazu inspiriert:

Sie ist gradlinig wie die Thurgauer,
fliesst durch den Kanton wie ein Chamäleon
und ändert ihre Farben,
tanzt traumhaft transparent im Licht heiterer Frühlingstage,
trägt ihren Strom im Sommer dunkelblau und träge
über helle Steine, kühlt Beine,
tobt grün im Herbst, schiebt Schlamm davon –
im Winter
knistert die Thur eisklar, fast weiss aus ihrem Bett,
erwacht im Frühling ins Blühen hinein,
nimmt an der Thurgauer Leben teil,
sieht sie an ihrem Ufer Würste braten,
in Schlauchbooten gondeln sie ihrem Strom entlang,
die Thur führt sie sicher, bringt sie wieder an Land,
viele Thurgauer verlassen ihren Kanton,
eilen seiner Namenspatronin davon,
an die Limmat, die Reuss, ans Ende der Thur: den Rhein –
bleiben ihr aber immer wohl gewogen,
die Thur teilt den Thurgau
in Unten und Oben,
schenkt ihm Himmel bis zum See,
bis zum Hinterthurgau streckt sich der Boden –
die Thur ist treu wie die Seele ihrer Menschen,
versteckt sich nicht,
will nicht beherrschen,
ist mehr als ein langes Stück Natur,

wässert die Wurzeln unserer Träume,
darum: die Thur.

Endlich streckt mir Sandra meinen Schoppen hin. Feinstes Thurgauer Leitungswasser! Während ich nuckle, ramüsiert Sandra unsere Habe zusammen. Ziemlich neurotisch, dass dabei alles ganz perfekt sein muss, wie Sandra mein Nuschi zusammenfaltet und den Laptop mit einem Staubtuch abwischt. Dann zieht sie sich die Lippen mit Gloss nach und frisiert sich, gespiegelt vom Zugfenster, mit den Fingern.
Zum Geschlecht heissen wir übrigens Ruh – unglaublich, aber wahr. Das passt überhaupt nicht zu Sandra und Stefan, zu mir schon viel eher, ich schlafe viel, bin auch jetzt schon wieder müde. Im Zug von Weinfelden nach Frauenfeld werde ich ein Nickerchen machen – wenn ich eine gemütliche Position finde. Der Kinderwagen ist ein Modell von MacLaren und sieht schick aus, ist aber nicht besonders bequem.
Sandra schiebt mich zur Türe und lächelt einen jungen Mann an.
Chönd Si mer echt bim Uusschtige helfe?
Er hilft recht unbeholfen und schaut mich dabei mit grossen Augen an, ängstlich, als hätte er noch nie ein Baby gesehen und als könnte ich gleich aus dem Wagen fallen. Zum Spass schreie ich laut
Wuuuäääuuuäääää!

und er zuckt zusammen.
Scho guet,
sagt er, als meine Mutter sich bedankt, und ist schnell weg.
Wir stehen auf dem Perron und warten auf den Zug. Sandra kniet sich vor mich:
So Schätzeli, etz luegemer denn zäme es Büechli aa. Isch der sicher langwilig, gell. Wenn d'gross bisch, häsch wis Mami au vil z'tue. Aber etz bisch no so chlii und weisch no nüüt vo dere Welt!
Was soll ich dazu sagen? Ich versuchs mit
Nananana!
und setze mein herzigstes Lächeln auf. Das funktioniert immer. Sandra lächelt zurück. Ich werde sie schon noch so weit bringen, dass sie keine Fliessende mehr ist und eine Stehende wird. Stehend wie das Wasser des Hüttwilersees an einem windstillen Sommertag.
Zum diesem zauberhaften Gewässer im Seebachtal hätte ich auch noch einige Gedanken! Aber die teile ich ein anderes Mal mit Ihnen. Jetzt muss ich ein Nickerchen machen. Sonst schlafe ich heute Nacht am Ende noch durch! Und das wäre schade, denn Sie können sich sicher vorstellen, was uns Babys am meisten Spass macht, oder?
Na klar – die Eltern in der Nacht so oft wie möglich aus dem Bett zu holen!

Diese Geschichte entstand nach der Lektüre des Gedichtes «Der Mensch und die Zeit» von Alfred Huggenberger.

Der Mensch und die Zeit

Es eilt die Zeit, leicht ist ihr Schritt,
Wir müssen mit, wir müssen mit.
So mancher kann es nicht verstehn,
Er möchte gern gelassner gehn.
«Wozu die Hast? So halt' doch ein,
Minuten sollten Stunden sein!»

Die Zeit geht lächelnd ihren Weg.
«Wie – wenn bei d i r die Unrast läg'?
Eilst du mir nicht jahrein, jahraus
Mit deinem Sorgenpack voraus?
Zählst du nicht jeden Meilenstein,
Statt dich des Blütenbaums zu freu'n?

Der Tag ist länger als du denkst,
Wenn du dich ihm in Liebe schenkst.
Das Kind, weil es beim Glück verweilt,
Hat dein Geseufze nie geteilt.
Dein Jahr währt' eine Ewigkeit,
Nähmst du dir nur zum Leben Zeit.»

Aus: Alfred Huggenberger «Dorf und Acker», Gedichte und Erzählungen, Seite 196, teaterverlag elgg, 1992, ISBN: 3-909120-10-5

Schaffen, nicht gaffen!

Eine Zeit lang war ich regelrecht süchtig nach dem Schreiben dieser Thurgauer Geschichten und konnte mich nichts anderem mehr zuwenden. Eine Freundin – eine Jahrgängerin und gebürtige Dingenharterin – gebot meinem Tun dann aber Einhalt und sagte:
Etz isch fertig gschaffet. Du musch mol wider a di frisch Luft.
Ich fragte mich, was sie meint, dann fiel es mir wieder ein: Frische Luft ist dieses durchsichtige Ding verusse. So drückte ich die Stirn zusammen und runzelte die Augen – oder umgekehrt, ich war so verspannt, dass ich es nicht mehr genau ausmachen konnte – und sah anschliessend die nackten Äste vor dem Fenster. Das letzte Mal, als ich sie wissentlich betrachtet hatte, trugen sie Blüten und ich hatte gehofft, dass der Heuschnupfen mich endlich vergessen würde. Nun stellte ich ernüchtert fest, dass ich den Thurgau zwar in allen Jahreszeiten erschrieben, aber dabei verpasst hatte, wie das Jahr draussen älter wurde. Ich öffnete das Fenster und sofort verbiss sich Luft in meinem Gesicht, die mit eiskalten Schneegrüssen schwanger war.

Es war eindeutig Winter. Die Jahreszeit, für die ich noch nie die richtigen Kleider hatte. Vor allem mit Winterjacken hat es bis jetzt nicht geklappt. Richtig wasserfeste Winterjacken, mit denen man notfalls auch bei strömendem Regen biwakieren könnte und die gleichwohl nicht so aussehen, dass ich sie höchstens anziehen würde, um im Keller ein Glas Gonfi aus dem Tiefkühler zu holen, sprengen mein Budget.

Aber nun, da ich aus dem Schreibschlaf erwacht war und ein Jahr durchgearbeitet hatte, wollte ich mir eine gute Winterjacke gönnen.

Die alte Jacke sah an mir völlig anders aus als früher, weil ich auch das Haarefärben vergessen hatte – Jacke und ein breiter Streifen Haaransatz zeigten sich nun in derselben Schattierung grau in grau.

Darum ging ich ins Einkaufszentrum und suchte zuerst einen Coiffeur auf und liess mir die Haare färben. Während das Mittel nicht nur meine Haare colorierte, sondern auch meine Kopfhaut wegzuätzen schien, empfahl mir der Coiffeur ein Shampoo.

Sie müend etz mit emne Schampo für gfärbti Hoor schaffe, sagte er.

Ich konnte nichts entgegnen, weil das Färbemittel so ätzend stank, dass ich durch den Mund atmen musste.

Dann ging ich in das Sportgeschäft, in dem gut betuchte Kunden verkehren, die sich die Ausrüstung

von Reinhold Messner bis auf den Antiyeti-Spray zusammenkaufen, bevor sie den ersten Spaziergang unternehmen. Also der richtige Ort, um eine schicke, wasserdichte Jacke zu kaufen.
Die junge Verkäuferin rief bei jeder Jacke, die ich vor dem Spiegel präsentierte,
di schtoot Ine denn guet!!
Die Jacke, von der ich auch persönlich fand, dass sie mir steht, wärmte leider nicht so richtig, doch das Bibi fand das nicht weiter tragisch:
Da isch kas Problem, do müend Si drunder afach mit chli Thermowösch schaffe.
Bevor ich etwas erwidern konnte, kam eine Frau mit vertikaler Stirnfurche hinter dem Ladentisch hervorgeschossen. Vermutlich die Chefin. Sie nahm das Frölein in die Mange.
Etz mun i ii-schriite! Di Dame hät doch usdrücklich e wasserdichti Jagge wöle, oder?
Jo!,
gibschte es panisch neben mir und die Chefin trompetete:
Ebe! Da, wa Si ire gad hänned wöle verchaufe, isch e wasserabwisendi Jagge! Kai wasserfeschti!
Jo aber,
klang es, und bald rauschte ein grosser Anschuldigungs- und Rechtfertigungs-Wasserfall, den jeder Feng-Shui-Anhänger gerne als Poster hätte. Ich überliess die beiden ihrem Disput und ging ohne

Jacke von dannen. Auch, weil mich auf einmal nicht mehr primär die wasserdichte Jacke, sondern etwas anderes interessierte.

Im Restaurant sagte am Nebentisch eine Frau zur andern:

Aso won i Schloofschtöörige gha ha, han i afach mit emne Hirsechüssi afo schaffe.

Zwei Yuppies, die schnellen Schrittes das Einkaufszentrum durchquerten, waren sich einig:

D'Kantonalbank schafft mit Vertraue,

und eine Frau, die mit vollen Einkaufstaschen auf eine Bekannte traf, empfahl:

Muesch bim Riis Gasimir umbedingt mit chli Ingwer schaffe!

Zwei Teeniemädchen, die auf einer Bank sassen und auf was weiss ich warteten, berieten sich in Make-up-Fragen, ein Tipp lautete:

Weisch Mann, wenn d'wotsch, das dini Auge voll krass lüchted, musch bim Lidschatte mit hellem und dunklem Grüen schaffe.

Verwundert machte ich mich – mit alter Jacke, aber eindeutiger Haarfarbe – auf den Weg nach Hause und dachte über das neue Modewort *schaffe* nach.

Offenbar war ich so lange nicht mehr unter Leuten gewesen, dass mir entgangen war, dass das Wort aus dem Zusammenhang der Erwerbsarbeit heraus- und in einem anderen Kontext wieder in unsere Sprache hineingerutscht war.

Aber ich, die lange nichts anderes gemacht hatte als schaffen, sah keinen Grund, warum ich jetzt auch noch beim Haarewaschen, Anziehen oder Kochen *schaffen* müsste, warum all das, was man einfach so macht, zum Job werden müsste.

Mag sein, dass wir die neue Verwendung des Wortes unserer Leistungsgesellschaft zu verdanken haben, in der Menschen spurlos hinter ihrem 50-seitigen Curriculum Vitae und ihren Zeugnissen verschwinden. Vielleicht antworte ich eines Tages auf die Frage, was ich mache, mit:

I schaffe bim Schaffe mit de Schprooch.

Als ich kurz darauf die Freundin traf, die mich dazu gebracht hatte, wieder einmal frische Luft zu schnappen, erzählte ich ihr vom *Schaffe* und wie perplex ich sei, weil dieses Wort neu genutzt werde.

Sie hörte interessiert zu und fragte, ob ich gewusst habe, dass das Wort im Thurgau erfunden worden sei. Ich verneinte und sie erzählte mir diese Geschichte, die, wie sie sagte, in ihrer Familie immer wieder die Runde macht:

«Einst zog das Landstreicherpärchen Gertraud und Walther von der Provinz Schleswig-Holstein her gen Süden, es muss um 1870 herum gewesen sein. Sie wussten nicht wohin des Weges, waren einfach den immer höheren Temperaturen nachgezogen und schliesslich im Thunbachtal angekommen. Dort frassen sie sich einen Narren an der tausendgrünen Landschaft und beschlossen, über Nacht zu verweilen.

Sie schliefen heimlich im Heu eines Hofs und wurden am Morgen von aufgeregten Stimmen geweckt. Sie kamen vom Wald bei Lustdorf her. Neugierig ging das Pärchen den Stimmen nach und stiess auf eine Waldlichtung. Dort lagen querbeet grosse Steine herum, ganz als hätte eine riesige Hand mit ihnen gewürfelt. Dazwischen glänzten Erdhügel im Regen, der seit Stunden niederging. Gertraud und Walther wussten, was sich hier zugetragen hatte, die Zeiten für Bauern waren hart; zu hart für diejenigen, die hier gelebt hatten, mussten sie doch ihre Höfe aufgeben und verfallen lassen: Die Steine waren stille Zeugen. Die Leute, deren Stimmen die Landstreicher gehört hatten, standen auf der Wüstung im Kreis und sprachen laut und in einer fremden Sprache, die Worte klangen zwar vertraut, aber sie verstanden die Zusammenhänge nicht. So nannten sie das Menschenvolk, das sich hier versammelte, nach den Buchstaben, die sie am meisten von ihnen hörten: Die Sch.

Die Landstreicher schlossen zu den Sch auf und sahen ein knöcheltiefes Loch, umschlossen von einem Steinkreis. Hier musste ein Brunnen gestanden haben, den man zugeschüttet hatte. Aber es lagen auch Steine und Erde um das Loch herum, so, als hätte sich jemand daran gemacht, den Brunnen wieder auszugraben.

Den Sch stand die Zornesröte im Gesicht, sie schrien herum und benutzten dabei immer wieder ein ganz bestimmtes Wort mit Sch.
Nein, nicht das.
Das Landstreicherpärchen hörte gut hin und Gertraud fragte verständnislos:
Scharaffe?
Walther nickte. Auch er hatte es so verstanden. Sie fragten die Sch, ob sie ihnen helfen könnten, aber die wiederholten immer nur
Scharaffe!
Und gingen.
Gertraud und Walther aber blieben vor Ort. Sie wollten wissen, wer dieser Scharaffe war, der den zugeschütteten Brunnen der Sch wieder ausgrub. Sie warteten, aber es geschah nichts, ausser dass der Regen aufhörte, und so beschlossen die Landstreicher, beim Brunnen zu übernachten, vielleicht würde der Scharaffe in der Dunkelheit auftauchen.

Als Walther sie weckte, war Gertraud vom Schlaf ganz benommen, erkannte aber trotzdem die Umrisse von mehreren Scharaffen, die im Loch herumgruben, bis eine Schar Sch herangestürmt kam und die Widersacher mit lautem Geschrei vertrieb.
Noch in dieser Nacht hatten Gertraud und Walther eine Idee. Plötzlich wussten sie, wie sie ihre hungrigen Bäuche stopfen konnten!

Sie gingen an alle Orte in der näheren Umgebung, in denen Brunnen zugeschüttet worden waren, um den Anwohnern zu erzählen, wer die Arbeit zunichte machte und den Schutt wieder aus den Löchern buddelte. Für ihre Hilfe, dachten sie, würden sie sicher etwas zu essen und zu trinken erhalten.
Doch was für eine Enttäuschung!
Der Brunnen bei Lustdorf war der einzige, der von Scharaffen gestürmt wurde, und die Leute in den verschiedenen Dörfern wirkten ob dem Benehmen von Gertraud und Walther etwas befremdet. Um ihnen zu erklären, was sie mit Scharaffen meinten, bewegten sie sich wie die Wesen, die sie gesehen hatten, kratzten sich unter den Achseln und am Kopf, stiessen schrille Laute aus und riefen dabei
Scharaffen! Scharaffen!
Aber die Sch schienen sie nicht zu verstehen.
Scharaffe? Wa heisst da?
Enttäuscht zogen die Landstreicher weiter.
Man sagt, es sei im Hinterthurgau gewesen, als ein Junge, der Fritz hiess und den alle Fitz nannten, weil er das R nicht aussprechen konnte, zu wissen glaubte, was die Landstreicher wollten. Fitz höselte zu seinem Vater und sagte:
Di wönd helfe bim g…g…gabe! Und dem sägeds sch…sch…scha…affe!
Der Vater studierte gerade an einem Kuhkauf herum und war nur mit halbem Ohr dabei, aber die Worte

schlüpften in seinen Kopf und warteten dort auf eine gute Gelegenheit.

Als das Gespräch anderntags während der Gemeindeversammlung auf die Landstreicher kam, sagte der Vater, ohne gross zu studieren:

Di sind do zum Schaffe!

Gertraud und Walther konnten sich nie erklären, warum ihnen auf einmal alle Arbeit gaben. Und *schaffe* bürgerte sich als gängiges Wort für arbeiten ein. Vielleicht, weil die Thurgauer schon immer ganz gschaffige waren», schloss meine Freundin.

Ich sagte, ich fände das alles recht weit hergeholt. Sie zeigte ein Lachen, das gut in ihr Gesicht passte, und meinte verschwörerisch:

Etz säg der gad no öppis: Weisch wo hätt di Schar Berberaffe anewöle, wo 2010 us em Plättli Zoo usgrisse isch?

Ich schüttelte den Kopf, obwohl ich ahnte, was sie sagen würde.

Dänk über de Hügel is Thunbachtal hindere, zum Sodbrune, wo me bi Lueschtdorf wider ufbaue hät. De Brune, wo scho iri Vorfare so gern drin umegrabe händ!

Nun denn. Das ist alles sehr hübsch erfunden und von meiner Freundin blumig erzählt worden.

Aber manchmal, wenn ich wieder einmal den Eindruck habe, dass sich die Welt nur noch um die Arbeit dreht, glaube ich auch, dass es Affen gewesen sein müssen, die das Schaffen erfunden haben.

Alles Gute aus dem Thurgau

Die kächen Zwillinge Elsa und Emmi vom Berg bei Amriswil sind die letzten Nachkommen der Familie Räuchli. Es besteht keine Hoffnung auf einen Stammhalter, der den Familiennamen weitertragen könnte, denn ihr Vater ist bruderlos und vor zwei Jahren und 363 Tagen wegen seiner Eitelkeit von einem Spiegel aus der Welt geschafft worden. Räuchli hat zeitlebens mit Frauen angebandelt, nur um sicherzustellen, dass er noch immer schön genug ist, um gut anzukommen. Um sein Aussehen zu prüfen, rückte er immer ganz nah zum Spiegel auf. Eines Tages hielt der Spiegel das narzisstische Getue aber nicht mehr aus und sah keine andere Lösung, als Räuchli zu verschlucken.

Dass ihr Vater weg ist und der Familienname Räuchli wohl in Vergessenheit geraten wird, ist aber nicht das grösste Problem von Elsa und Emmi.

Wie soll die Geschichte weitergehen?

So?

Das grösste Problem der Zwillinge ist, dass ihre Mutter nicht mehr aufhört zu weinen, seit der Vater nicht mehr da ist. Zuerst war eine Tasse voller Tränen, dann ein Kochtopf, jetzt beugt sie sich über die Badewanne. Der Pegel steigt.

Dann weiter zu A.

Oder so:

Das grösste Problem der Zwillinge ist, dass sie beide in denselben Jüngling verliebt sind, und zwar in Thumas.

Weiter zu B.

A.

Die Zwillinge fürchten sich vor dem Moment, in dem die Wanne voll ist, weil sie keine Ahnung haben, was sie mit den Tränen machen sollen, die noch kommen werden. Lehrer, denken sie dann, haben auf alles eine Antwort. Aber als sie in der Schule sind, vergessen sie die Frage, denn der Lehrer gibt der Klasse eine Aufgabe:

Liebi Chind, hüt schribemer en Ufsatz und zwar wott i, das er en Traum ufschribed.

Die Schülerinnen und Schüler runzeln die zarten Stirnen, nur Elsa und Emmi nicht, die mit ihren 16 Jahren die Ältesten der Klasse sind. Sie greifen

zum Fülli, legen los und schauen erst wieder vom Hüslipapier auf, als der Lehrer fragt:
Chinde, werum schribed er nöd? En Traum ufschribe cha doch nöd so schwer si!
Zögernd streckt die achtjährige Yala auf:
Herr Lehrer, wa isch da, en Traum?
Der Lehrer staunt und staggelet:
Jo, da sind di Bilder, wo me gseet, we me schlooft! Und we me wach isch und sich a si erinneret, sinds meischtens chli komisch.
Kopfschütteln reihum. Der Lehrer ist ratlos und gibt ein neues Aufsatzthema: «Meine schönsten Ferien». Sofort beginnen alle zu schreiben.
In der Pause werweissen Elsa und Emmi, warum ihre Gschpändli nicht träumen, und kommen zum Schluss, dass sie bei ihnen vorbeischauen müssen, um es herauszufinden.

So steigen sie in der Nacht aus dem Fenster und eilen übers Bergerfeld und zu den Häusern, in denen ihre Klassenkameraden wohnen, dort klettern sie rein und beobachten, was passiert. Sie stellen fest, dass sich überall dasselbe zuträgt: Ist ein Kind eingeschlafen und wölbt sich ein Traumbläschen über seinem Kopf, kriecht ein Ungeheuer unter dem Bett hervor. Es hat einen massigen Rumpf in Camouflagefarben mit Schlammkruste und einen aufgeblähten Krötenkopf. Die Augen sind höllenschwarze Schlitze und anstelle von Armen und Beinen sind Stummel, breit wie Baumstümpfe. Seine Zunge sieht aus wie eine halbierte Blutwurst, die es hervorschnellen lässt, um die Traumbläschen darin einzurollen. Das Ungeheuer frisst sie mit ordinärem Schmatzen und kriecht weiter, ins nächste Kinderzimmer.

Elsa und Emmi sind fassungslos. Normalerweise haben Kinder Angst, dass sie von einem Ungeheuer träumen – aber die Kinder auf dem Berg wünschten sich sogar, dass sie von einem Ungeheuer träumen, weil sie dann überhaupt etwas träumen würden – aber das können sie nicht, weil ihnen ein Ungeheuer die Träume wegfrisst! Warum, fragen sich die Zwillinge, hat sie das Ungeheuer bisher verschont?

Wie soll die Geschichte weitergehen?

So:
Eins wissen Elsa und Emmi mit Sicherheit: dass sie den Kampf gegen das Ungeheuer aufnehmen müssen, damit es den Kindern nicht noch mehr Träume wegfrisst.
Dann weiter zu A1.

Oder so:
Eins wissen Elsa und Emmi mit Sicherheit: dass sie schnell vom Berg flüchten müssen, bevor das Ungeheuer auch ihre Träume auffrisst.

Dann weiter zu A2.

A1.

Da kommt ihnen in den Sinn, was ihre Mutter immer sagt – oder besser: immer gesagt hat, bevor sie nur noch schluchzen konnte:
Me mue hald rede mit de Lüüt.
Das Ungeheuer ist zwar kein Lüüt, aber einen Versuch, finden sie, ist es allemal wert, und so schleichen sie in der Nacht zum Hudelmoos, denn mit seiner Schlammkruste, da sind sie sicher, kann das Ungeheuer an keinem anderen Ort zu Hause sein. Der Vollmond leuchtet die Moorszenerie gleissend aus, aber es regt sich nichts.
Wi söled mer mit em Unghür rede, wenn da gar nöd do isch?,
fragt Emmi. Elsa hat eine Idee:
Wart,
sagt sie und secklet ab. Emmi weiss nicht, was ihre Schwester vorhat, vertraut ihr aber zu hundertzwei Prozent und will auf der Stelle warten, bis sie zurück ist. Aber weil es Nacht ist und sie so müde, legt sie sich ein bisschen hin, und schon senken sich ihre Lider und ...
pssst ... sie pfuset ...
und wacht erst wieder auf, als ihre Schwester mark- und beindurchdringend
EMMMIIII!

schreit und sich lauwarmer Choder zäch über ihr Gesicht zieht. Sie öffnet die Augen und sieht höllenschwarz. Hilfesuchend schaut sie zu Elsa, die schreit wie von Sinnen – ganz im Gegensatz zum kleinen Ferdi, den Elsa mitgebracht hat, er zeigt eine eingefrorene Schreckensmiene.

S-säg dem Meitli, es s-söll ufhöre s-so goisse,

dröhnt es aus modriger Höhle, dem Maul des Ungeheuers. Emmi ist ob dieser Ansage subito sauer: Ihrer Schwester hat niemand etwas vorzuschreiben!

Du bisch imfall de Grund, werum si so luut isch, du wotsch mi doch fresse, oder öppe nöd?!

Das Ungeheuer schüttelt seinen Krötenkopf:

Nei, da wills nöd, es isst kai Menschefleisch, di halted s-sich nöd artgrecht, schperred s-sich i s-so Hüser i!

Emmi fragt überrascht:

Werum redsch du vo dir i de dritte Person?

Vor Traurigkeit schiebt sich ein grauer Schleier über die höllenschwarzen Augen:

Well denn no es anders ume isch. Es isch denn nöd s-so ellei.

Auf einmal empfindet Emmi Mitleid mit der seltsamen Kreatur:

Häts denn en Name?

Nei! Niemert hät em je en Name gee, nie! Es isch ganz ellei und hät kein Name!

Und schon platschen Tränen, die nach vergorenem Wasser miefen, auf Emmis Gesicht. Das ruft ihr in Erinnerung, dass ihr ein Ungeheuer auf den Magen drückt, ihre Schwester schreit und der kleine Ferdi total verängstigt ist, sie also schleunigst etwas an der Situation ändern muss.

Wa wott da Unghür vo mir, werum liits uf mer obe?,

Das Ungeheuer hört auf zu weinen:

Es hät wöle luege, ob du Chinderträum häsch! Aber du bisch scho S-sechzäni, schtimmts? Do höred Chinderträum uf und werded schtrengi Erwachsneträum. Die s-sind bitter zum Chafle. Nu Chinderträum s-sind schö zart!

Emmi kann sich plötzlich einen Reim darauf machen, warum Elsa Ferdi geholt hat, und schlägt vor:

Würsch ab mer abe, wenn i dir en Chinderträum wür gee?

In den Augen zeigt sich ein Lichtlein am Ende der Dunkelheit:

Natürli!

Das plampige Wesen robbt von Emmi hinunter. Sie steht auf und sprintet zu Elsa:

Schnell, mir bruuched am Ferdi sini Träum! Schloof, Ferdi, schloof!

Der Bub kann vor lauter Aufregung natürlich nicht auf Kommando schlafen. So gräbt Elsa im kleinen Wald, der das Moor umgibt, Baldrianwürzelchen aus und stopft sie ihm in den Mund. Es dauert nicht lange und der Kleine schläft tief und fest und das Ungeheuer frisst zufrieden seine Traumbläschen. Dann zieht es sich für einen Verdauungsschlaf zurück und die Mädchen rätseln, wie sie es schaffen, dass

bald alle Berger Kinder mit schönnächtlichen Träumen gesegnet werden.
Träum, Bäum, Säum, dureträume, umeträume, tagträume ...
Alles Mögliche rutscht ihnen in den Sinn, wenn sie ans Träumen denken, aber erst, als Ferdi sich zu bewegen beginnt und aufzuwachen scheint, ruft Emmi:
I hans!
Wa?,
fragt Elsa.
Wa?,
fragt das Ungeheuer, das aus seinem Schlaf aufgeschreckt ist.
I sägs eu glii. Mir müend nu no warte, bis d'Sune ufgoot und d'Schuel afoot. Alles chunnt guet.
Dann schlafen die Schwestern ein bisschen und auch der kleine Ferdi nickt wieder ein. Das Ungeheuer schaut ihnen zu und freut sich, dass es nicht mehr so alleine ist.

Später wandern sie im Frühmorgensonnenschein zur Schule – auch das Ungeheuer, das die Zwillinge mit Blättern und Moos getarnt haben. Während sie mit dem Lehrer reden, wartet es hinter dem Schulhaus. Die Schule beginnt und der Lehrer sagt:
D'Emmi und d'Elsa händ usegfunde, win er chönd träume. Aber mir bruuched d'Hilf vo mene Unghür. Händ er Angscht vor Unghür?

Die Schülerinnen und Schüler verneinen. Da sie nie von einem Ungeheuer unterm Bett oder sonstwo geträumt haben, wissen sie gar nicht, was das ist.
Jo, denn lömmers ie,
sagt der Lehrer und öffnet die Türe. Das Ungeheuer kriecht ins Schulzimmer und lässt sich schweissüberströmt und erschöpft vom langen Marsch der Länge nach zwischen die Pulte plumpsen. Ein Schüler fragt, woher das Ungeheuer kommt, und ein zweiter sagt:
Da isch doch klar! Lueg mol, wie nass das es isch, da chunnt direkt us de Thur!
Ein Raunen geht durch die Klasse. Und Emmi sagt im Brustton der Überzeugung – und hofft, dass ihr die Lüge nie und von nichts und niemandem übelgenommen wird:
Ganz gnau. Es chunnt us de Thur. Und wells us de Thur chunnt und es Unghür isch, heisst Thunghür. Thunghür, da isch sin Name!
Sofort jubelt die Klasse im Chor:
Thunghür, Thunghür, Thunghür!
Das Thungeheuer war in seinem jahrtausendelangen Leben noch nie so glücklich und es will immer hier bleiben, hier in der Schule, wo man ihm einen Namen gibt und niemand Angst vor ihm hat. Gerne übernimmt es die Arbeit, die ihm aufgetragen wurde: Es liegt den ganzen Tag im Schulzimmer und frisst die Tagträume der Kinder, sodass die Schülerinnen und Schüler immer konzentriert und nie

abgelenkt sind. Es funktioniert bestens. Das Schönste daran ist, dass die Kinder in der Nacht endlich träumen, weil das Thungeheuer nach den langen Arbeitstagen satt ist.

Die Kinder vom Berg haben grossen Nachholbedarf. Vor lauter träumen werden ihre Köpfe ganz heiss und beginnen zu rauchen und so steigen viele kleine Räuchli aus den Fenstern der Kinderzimmer in den Nachthimmel. Darum wird der Berg eines Tages Räuchlisberg genannt und der Name Räuchli gerät nie in Vergessenheit.

A2.

Sie packen ihre Siebensachen und eilen nach Zihlschlacht, weil sie schon so viel vom Chänzeli gehört haben. Sie erklimmen es zum ersten Mal mit dem grossen A, dem wichtigste Mann im Dorf. Er ist nicht gross an Zentimetern, aber in Geist und Geste und hat schon viel Grossartiges geleistet, zum Beispiel Menschen und Tiere aus misslichen Lagen befreit oder mit einem Fingerschnippen Kummer und Sorgen vertrieben. Die Einwohner nennen ihn auch eine Apotheke auf zwei Beinen. Fragen die Zwillinge, woher seine Kräfte kommen, werden Schultern gezuckt, man weiss es nicht genau, sicher ist nur, dass sein Vater dieselben Gaben hatte.

Elsa und Emmi kommt der grosse A natürlich gerade recht. Als sie mit ihm auf dem Chänzeli angekommen sind, sehen sie am Himmel über dem Berg, den sie verlassen haben, eine silberne Wasserwand schimmern.

Gseesch, üsi Mueter brüelet so vill, dass sogar de Himel scho ganz nass isch!

Der grosse A summt eine Weile vor sich hin – die Zwillinge meinen das Thurgauerlied zu erkennen – und sagt:

Eui Mueter hät es broches Herz, drum brüelet si! Und es broches Herz mue nach drüü Jor gheilt si, susch bliibts für immer kabut. Hüt ischs gnau zwei Jor und 363 Täg her, wo da Herz broche worde isch. Und glii goot d'Sune under! I gang sofort zunere und hoffe, das i vor Mitternacht achum und ires Herz cha heile!

Barfuss und ohne Hemd macht er sich auf den Weg, sagt den Zwillingen nur noch, dass sie nach Rauch Ausschau halten sollen; es sei das Zeichen, dass er angekommen sei.

Elsa und Emmi spähen die ganze Nacht in den Himmel, ohne aber den versprochenen Rauch zu sehen. Enttäuscht gehen sie in die Schule, ein kleiner Aufsteller, weil ihre Mitschülerinnen und Mitschüler in ihrem Alter sind und nicht allesamt jünger, so wie auf dem Berg. In der Schule gefällt es ihnen so gut, dass sie gar nicht aufstehen möchten, als der Lehrer die Pausenglocke läutet, doch da trägt der Wind die Stimmen einiger Mitschüler durchs Fenster:

Es brennt! Es brennt am Berg!

Die Zwillinge erfahren, dass einem Wanderer, der auf dem Chänzeli Rast gemacht hat, vor Schreck der Schüblig im Hals stecken geblieben ist, als er Rauch über dem Berg entdeckt hat. Nachdem er so gehustet hat, dass ihm die Wurst aus dem Hals gezischt ist wie eine Patrone aus der Pistole, stieg er hinab ins Dorf, um zu berichten, was er gesehen hat.

Elsa und Emmi sind ganz gizlig und können die Rückkehr des grossen A kaum erwarten. Spät am Abend trifft er mit nachtblauen Augenringen ein und entschuldigt sich, weil er das Feuer erst am Morgen gezündet habe,

i de Nacht, bin i ... bin i äh, beschäftiget gsi.

Leider sei er nicht vor Mitternacht angekommen und habe die Mutter nicht heilen können, und sie würde nun halt immer weiterweinen. Aber er habe auch eine gute Nachricht:

Eui Mueter und i, mir ... aso i tu mi i Zuekunft persönlich um si kümmere. Da mit dene Träne isch kas Problem, mir lönds afach laufe, da git en Wasserfall und de lauft in en See.

Die Mädchen sind froh, dass ihre Mutter jemanden hat, der für sie sorgt, wollen aber um keinen Preis zurück auf den Berg, wo das Ungeheuer haust. Sie werden in Zihlschlacht erwachsen und verständigen sich mit Rauchzeichen mit der Mutter und dem grossen A.

Als die Zwillinge selber Kinder haben und ihnen die Geschichte der Mutter erzählen, fragen die Kleinen, wo der See sei, in dem sich die Tränen sammeln.

Da isch e gueti Froog!,
findet Elsa, bislang hatten sie vor lauter Muttersein gar keine Zeit, der Sache nachzugehen. Nun machen sie sich auf und verfolgen die Spur der Tränen; diese springen aus dem Wasserfall, lassen sich von der Thur mittragen, stehlen sich zwischen Dätwil und Ossingen aus dem Fluss, rollen flink dem Boden entlang, machen einen Gump über die grosse Strasse und tauchen in den Tränensee ein.

Als Elsa und Emmi mit ihren Kindern dort angekommen sind, kühlen sich die Mütter im See ab, derweil die Kinder am Ufer mit einem Holzschiitli Stück um Stück vom Schwingrasen abtrennen, der in den See ragt. Einige Stücke der Wurzelgeflechte aus Sumpfpflanzen treiben bereits im Tränensee.

Wa mached ir do?,
fragen die Mütter.
Mir händ kai Luscht zum zrugglaufe.
Und darum würden sie Flösse abstechen, um auf diesen zurückzufahren.

Die Mütter finden das eine tipptoppe Idee und bald reisen sie auf dem Fluss nach Hause, der Ostwind bläst sie fürschi.

In der Heutzeit verlieben sich immer mehr Naturfreunde in den bezaubernden See bei Neunforn. Nun ist er mit Regenwasser gefüllt, denn der Tränenkanal ist schon längst versiegt. Die Naturfreunde haben das Bijou «Barchetsee» getauft, weil sie am Ufer verschlissene Barchentfetzen gefunden haben – die Reste der Hemden von Elsas und Emmis Kindern, die sie zum Baden abgelegt und nicht wieder angezogen haben, das Wetter war einfach viel zu herrlich.

Die Naturfreunde sind sich einig, dass jemand die schwimmenden Inseln, die man noch immer im Barchetsee treiben sieht, abgestochen haben muss. Solange sie diese Geschichte nicht kennen, wissen sie nicht, wer es war.

Also: Wenn Sie einen Naturfreund kennen, begleiten Sie ihn an den Barchetsee, nehmen Sie dieses Büchlein mit und lesen Sie ihm die Geschichte vor!

B.

Er ist der einzige Junge der Klasse, der auch schon 16 Jahre alt ist. Thumas wiederum ist in beide verschossen, sie sehen ja tupfgleich aus und er will sich nicht entscheiden – welcher Junge, der in eine Schöne verliebt ist, würde nicht auch gleich zwei davon nehmen? Für die Zwillinge geht das natürlich gar nicht, beide wollen Thumas für sich. Darum entführen sie ihn und halten ihn in einem Heuschober fest; dort wird er gefesselt.

Mir chützled di so lang, bis d'üs seisch, weli das wotsch!, drohen die Mädchen mit seltsam brüchigen Stimmen. Da liegt Thumas mit seinem glatten Jungmännerkörper vor ihnen, mit Lippen prall wie Velopneus.

Ihnen wird während dem Chützlen komisch, tiefer noch als im Bauch, und auf einmal ist ihnen so heiss, dass sie aufhören müssen.

Thumas lacht noch immer, nun aber vor Überlegenheit:

Händ ir s'Gfühl, das i mi weg dem bitzli Chützle entscheide? Do händ er eu aber schwer tosche – i han e anderi Idee!

Er schlägt Folgendes vor: Er wird mit beiden je eine Nacht im Hudelmoos verbringen und danach entscheiden, welche er wählt.

Was bleibt den Zwillingen anderes übrig, als Ja dazu zu sagen?

Zuerst ist Elsa an der Reihe. Sie gehen ins Hudelmoos und Thumas breitet auf einem in Heidelbeerbüschen versteckten Plätzchen eine Decke aus. Dann legt er sich hin und sagt:

Du muesch luege, das is bis am Morge früe total fideel ha mit dir. Wi da machsch, isch mer gliich. I nimm die, won is lässiger ha mit ere.

Elsa denkt nach. Sie weiss, dass eine Frau einen Mann unterhalten kann, wenn sie ihm ihren blutten Körper zeigt. Aber das findet sie zu simpel und entschliesst sich, ihn mit Witzen zu unterhalten, zum Beispiel mit diesem:

Zwei Thurgauer sind in Zürich unterwegs. Da fragt der eine den anderen: *Nememer s'Tram?* Der andere sagt: *Chömmer scho, aber wa machemer denn mit dem?*

oder einem ganz kurzen:
En Thurgauer hät es Velo gchauft.

Als Thumas zum 200sten Mal lacht, kriecht das Morgengrauen durch die Heidelbeerbüsche und sie gehen in die Schule.

Am Abend macht sich Emmi mit Thumas auf ins Hudelmoos. Sie überlegt nicht lange. Noch bevor er die Decke inmitten der Heidelbeerbüsche ausgebreitet hat, rollt sie die Ärmel hoch, ganz langsam, bis Thumas ihre nackten Unterarme sehen kann. Und so macht sie die ganze Nacht weiter, ganz langsam, öffnet die Knöpfe ihres Kleides, einen um den anderen, bis Thumas die Ansätze anderer Hügel sehen kann als diejenigen des Thurgaus. Sie zeuklet ihn weiter, bis sie schliesslich aus den Strümpfen schlüpft und ihr Kleid lupft, Schtuck um Schtuck, und ausgerechnet in dem Moment, als Thumas ganz, ganz genau lueget, damit er nichts verpasst, schleicht das Morgengrauen durch die Heidelbeerbüsche und vernebelt ihm die Sicht. Thumas rollt die Decke zusammen und dann gehen sie zur Schule.

Thumas sagt den Zwillingen, er werde ihnen seine Entscheidung am Mittwoch auf der Zugbrücke des Wasserschlosses Hagenwil mitteilen. Die Zwillinge seufzen. Mittwoch! Das ist ja erst nach dem Wochenende und dauert noch ewig!

Wie soll die Geschichte weitergehen?

So:
Thumas hat sich aber nicht überlegt, dass Elsa und Emmi übers Wochenende viel Zeit zum Reden haben. In diesem Gespräch kommen sie zum Schluss, dass die Entscheidung ein totaler Seich ist. Wo kommt frau denn hin, wenn sich zwei Schwestern von einem Mann auseinanderbringen lassen?
Dann weiter zu B1.

Oder so:
Thumas hat sich nicht überlegt, dass es den Zwillingen zwischenzeitlich langweilig sein wird und sie den ganzen Berg mit Frauenfürzen erschrecken, also auch ihn. Endlich ist es Mittwoch und sie treffen sich auf der Zugbrücke.
Dann weiter zu B2.

B1.
Liebi Schwes, da lömmer nöd mit üs mache!,
sagt die jeweils eine zur anderen und sie schwören darauf.
Als sie Thumas am Mittwoch treffen, erklären sie bestimmt und noch bevor er Papp sagen kann:

Liebschte Thumas, mir teiled di afach! I Zuekunft wonsch du mol mit de einte dött und mit de andere do. Da isch au für üs guet, me vertreit en Ehemaa besser, wen er immer wider mol e Wiili furt isch.

Jesses Mari, was ist Thumas froh! Er hat bis dato keine Entscheidung treffen können und kann sich nichts Besseres vorstellen, als beide zu haben.
Zum Glück ist Pfarrer Angehrn ume und so heiraten die drei sofort in der Kornkammer des Schlosses Hagenwil. Dann gehen sie zurück auf den Berg und die Zwillinge verabschieden sich von ihrer Mutter, die nicht verstehen kann, warum ihre Mädchen wegziehen und ihr nicht sagen, wohin. Aber schlussamend, denkt sie, müssen ihre Töchter ja selber entscheiden, wie sie leben möchten, und so nimmt sie ihnen lediglich das Versprechen ab, dass sie ihre alte Mutter oft besuchen.
Die Zwillinge versprechen es halbherzig. Sie wissen nicht, ob sie das einhalten können, zu gross ist die Möglichkeit, dass sie sich verplappern und die

Mutter erfährt, wie sie mit Thumas leben. Für sie, die vom Vater so sehr enttäuscht worden ist, wäre es furchtbar, wenn sie erfahren müsste, dass der Mann ihrer Töchter fremdgeht – wenn auch auf deren Wunsch und mit ihnen beiden.
Die Zwillinge ziehen in die Nähe von Arbon, Emmi nach Fetzisloh und Elsa nach Steineloh, weil sich beide Orte auf «froh» reimen.

Die Ehen funktionieren tadellos und alle sind zufrieden damit, dass Thumas mal bei Elsa, mal bei Emmi lebt. Nur eines ist unpraktisch: Es fehlt die Möglichkeit, alltägliche Sachen abzusprechen, wie zum Beispiel, was man in Steineloh braucht, wenn Thumas sich in Fetzisloh auf den Weg zum Posten macht.
Thumas – ein Mann, ergo ein Tüftler – überlegt sich, wie er die Situation verbessern könnte. Zuerst probiert er es, indem er ganz laut von Fetzisloh nach Steineloh hinüberruft. Seine Stimme segelt zwar durch die Lüfte, kommt aber nicht an. Um in Ruhe über den Sachverhalt und mögliche Lösungen nachzudenken, setzt er sich in Frasnacht ans Ufer des Bodensees. Er lässt den Blick schweifen und ist geblendet vom Sonnenlicht, das sich im Wasser spiegelt, und sieht erst nach einer Weile, dass eine Flasche angespült wurde. Sie hat ein Stück Papier im Bauch, das Thumas gespannt usechnüblet.

Thumas!
Wie ist diese Flasche zu dir gekommen?
Viele Grüsse und viel Glück, Radius.
Thumas hat keine Ahnung, wer Radius ist, aber die Antwort auf die Frage ist klar: Die Flasche wäre nie zu ihm gelangt, hätten die Wellen sie ihm nicht vor die Füsse getragen. Die Wellen spielen also eine Rolle, wenn es darum geht, dass Thumas einen Weg findet, wie man über Distanz etwas mitteilen kann!
Nach dieser Erkenntnis entwickelt sich das Zusammenleben so, wie Elsa und Emmi es sich nicht vorgestellt haben: Thumas wird quasi auch verschluckt, aber nicht so wie damals der Vater von einem Spiegel, sondern von der Suche nach den richtigen Wellen. Er versinkt so sehr in seine Wellen, dass Elsa zu Emmi nach Fetzisloh zieht und er alleine in Steineloh bleibt, damit er in Ruhe forschen kann.
Die Zwillinge leben fortan ein gutes Leben und vergessen Thumas bald ob all ihrer anderen Interessen. Als sie uralt sind, finden sie einen kleinen Kasten vor ihrer Tür, der mit «Radius» angeschrieben ist. Darauf liegt ein Zettel mit dem Befehl «Drücken!», eindeutig in Thumas' Handschrift. Ein Pfeil zeigt auf den Knopf, der auf dem Radius angebracht ist. Elsa drückt darauf und schon hören sie Thumas' Stimme:
Halo, halo, halo, halo?
Erschrocken sehen sie sich um, können Thumas aber nirgendwo entdecken. Sie suchen ihn, hinterm Haus,

hinterm Baum – finden ihn aber nicht und hören ihn doch die ganze Zeit reden:
Halo Elsa und Emmi, halo!,
sagt er,
Ir schtönd hoffentli vor em Radius! Es isch zeni und i red vo Schteineloo us!
Elsa und Emmi schauen sich den Radius genau an. Er hat in der Mitte eine kreisrunde Erhebung, über die ein dünner schwarzer Stoff gezogen ist und daraus tönt Thumas' Stimme. Aus der Ferne hören sie Chilegloggen: Es ist tatsächlich zehn! Die Stimme von Thumas kommt aus dem Kasten, aber es ist, als wäre er da, und er sagt:
Es tuet mer leid, das i für eu nöd so en guete Ma gsi bi, aber i ha da mit de Wele müesen usefinde, dene elektromagnetische Wele! I weiss etz, wi me si zu Schprooch macht, mer mue si nu no i Wechselschtrom umsetze und ...
Emmi schaut Elsa fragend an:
Wa schwaflet dä? Dä isch jo total duretreit! Da chunnt devo, wenn en Maa ooni Frau lebt!
Elsa nickt, während Thumas weiterspricht:
... und d' Schwingigsfrequenz uswääle, und de Wechselschtrom i Schwingige ... uh und denn ... uh, mit dene Schwingige oh – mis Herz! Mini Fraue! Mis Herz!
Plötzlich hören sie nur noch schwaches Rauschen. Sofort gehen sie nach Steineloh, aber Thumas ist nicht dort, wer weiss, vielleicht hat er sich wie die Sprache in Wechselstrom aufgelöst und in Schwingungen

verloren. Elsa und Emmi schlagen Alarm, der Stadtammann von Arbon steht bald vor der Türe, wie auch der Oberpolizeiler, der alle Drähte, Kisten und so weiter beschlagnahmt, die Zwillingen sagen, er können auch den Radius haben, ihnen ist egal, was mit diesen Sachen passiert, die ihnen so fremd sind. Darum stellt sich auch die Frage, ob sie einen Zusammenhang erkennen würden zwischen den Ereignissen von damals und dem Jubeltag im Jahre 1985, als Radio Thurgau auf Sendung geht. Aber zu diesem Zeitpunkt schwingen ihre Seelen bereits als gute Geister durch die Lüfte und kümmern sich um alle Thurgauer, vor allem aber um alle Zwillinge.

B2.
Dort sagt er ihnen kurz und bündig, was Sache ist. Nämlich, dass er zum Schluss gekommen sei, dass ihre Darbietungen im Hudelmoos nicht unterhaltend genug waren. Eine Mischung wäre spannend gewesen, also eine Frau, die Witze erzählt und gleichzeitig Haut zeigt, aber einzeln sei es zu langweilig. Und jetzt sei er in einer dummen Situation, schliesslich seien sie die einzigen Mädchen in seinem Alter, auf dem Berg gebe es keine anderen, die er heiraten könne, und darum müsse er auswandern, auf einen anderen Berg. Sagt es und geht von dannen, mit hoch erhobenem Kopf, während die Zwillinge ihm sprachlos nachschauen.

Auf dem Berg, auf dem die Zwillinge wohnen, hört man nie wieder etwas von Thumas.

Aber wir gehen mit Thumas via Biessenhofen, Erlen und Andwil Richtung Guntershausen. Er geht noch ein bisschen weiter und dann – kann er nicht mehr. Seine Kniescheiben werden weich wie Watte und er sinkt zu Boden. Das Letzte, was er sieht, sind wunderhübsche junge Jungfrauen, die mit offenen Armen auf ihn zurennen, aber er denkt, das sei nur eine Halluzination.

Als er aufwacht, ist sein Kopf auf Seide gebettet. Es riecht sanft nach Lavendel und er ist von Kopf bis Fuss gewaschen und parfümiert, auch in der Leibesmitte, was ihn beschämt. Er liegt auf einer Chaiselongue und darum herum stehen wunderhübsche junge Jungfrauen.

Wer...,

krächzt Thumas, aber seine Stimme erstickt. Nach einer Weile fragt er:

Wo?

Es tönt im Chor:

Mir sind di junge Jungfraue und du bisch in Berg.

Aber i cha doch nöd in Berg si, mer chan nu uf em Berg si!

Doch,

flöten die Jungfrauen,

mir sind uf em Berg und Berg heisst da Dorf!

Thumas fragt, ob er eine Weile in Berg bleiben könne.

Sicher scho!,
schnurren die Jungfrauen wie Büsis,
en Maa wi du isch gnau da, wa mir bruuched, weisch wi lang wartemer scho uf ein wi di!
Die folgende Zeit ist für Thumas anstrengend. Sehr anstrengend. Er erfüllt die Wünsche der wunderhübschen jungen Frauen, die alles von ihm verlangen, doch irgendwann kann er einfach nicht mehr:
I mag nüm. I wott nu no mit einere vo eu läbe. Es cha nu eini vo eu mini Königin sii.
Juua! Nun ist aber ganz schön was los, es surrt wie im Bienenstock und alle sind nervös, denn jede will Thumas' Eine sein.
Morn, morn,
sagen die Frauen, solle Thumas auf den Ottebärg kommen, dort könne er sich eine aussuchen, aber er solle ja nicht glauben, dass sie es ihm einfach machen würden!
Tatsächlich staunt er anderntags nicht schlecht: Zwischen den Bäumen findet sich eine Schneise, an deren Ende ein Thron steht. Er besteigt ihn und es geht los: Jede der wunderhübschen jungen Frauen geht einzeln vor ihm auf und ab, einmal im Abendkleid, einmal im Bikini und am Schluss darf Thumas noch eine Frage stellen, die jede einzeln beantworten muss. Darauf ist er nicht vorbereitet, und weil er so viel Schönheit vor Augen hat, fällt ihm nur ein:
Wa isch s'Schönscht uf de Welt?

Ehrewort, 99 Prozent der Frauen flüstern Thumas ins Ohr:

Du! Du bisch s'Allerschönscht!

Bis auf die allerletzte Schöne. Sie zaubert einen knackgrünen Apfel hervor und sagt:

Da isch s'Schönscht! Wenn du di für mi entscheidisch, wott i nöd do bliibe, i wott döt ane go wone, wos en Huufe Öpfel hät. Öpfel sind s'Bescht! Lueg emol dä a. Wotsch en Biss?

Das erinnert Thumas an etwas, und auch wenn er nicht genau weiss woran, hat er das starke Gefühl, dass er besser nicht zubeisst. Den Apfel will er nicht – dafür aber diese Frau, mit der er im Einklang mit der Natur leben kann.

Du bisch si! Du bisch mini Königin! Mini Öpfelkönigin!

Die anderen Frauen weinen, als die Entscheidung gefallen ist, aber nicht lange, schliesslich sind sie schnell von Begriff und wissen, dass es keine bessere Werbung für ein Dorf gibt, als wenn die Öpfelkönigin von dort stammt. So lassen sie die beiden ziehen und machen sich daran, die Kunde von der Königin zu verbreiten, auf dass bald eine Horde Männer nach Berg kommen möge.

Thumas und die Öpfelkönigin ziehen nach Roggwil. Dort hat es 320 Hochstamm-Apfelbäume und sie verbringen ihr Leben im Zeichen der malus domestica und hinterlassen ein reiches Erbe im Thurgauer Osten: Es gibt die Obstsortensammlung in Roggwil, den Obstlehrpfad in Altnau, eine Mosterei in Arbon und eine in Egnach. Es ist höchste Zeit, dass man den Thurgauer Osten endlich offiziell den Öpfelegge der Schweiz nennt.

C!

Ganz tupfgnau so, wie es hier erzählt wird, hat sich alles zugetragen. Und darüber hinaus noch ein bisschen anders.

Auf dem Berg, auf dem die kächen Zwillinge Elsa und Emmi die letzten Nachkommen der Familie Räuchli sind, hat man das Wort «gut» nur in dem Zusammenhang verwendet, wie es seine indogermanischen Wurzeln wollen: «Gut» heisst «ghedh», und das bedeutet «eng verbunden sein».

Für die Leute, die auf dem Berg wohnten, stand nämlich immer nur eines im Mittelpunkt: dass alle Leute eng miteinander verbunden waren. Darum hat der älteste Bergler abends immer noch einmal eine Runde gemacht und laut gerufen:

Isch ales guet?

Damit wollte er wissen, ob alle jemanden haben, mit dem sie gerade eng verbunden sind.

Jo!

Jo!

Jo, i au!

Tönte es zumeist von überall, und war ein Nein dabei, wurde dafür gesorgt, dass sich jemand fand, mit dem man die Person eng verbinden konnte.

Weil man die Menschen auf dem Berg so wertschätzte, schrieb man auch auf, wer an welchem Tag geboren wurde. Und wenn sich der Geburtstag jährte, wünschte man dem Menschen nur das Allerwichtigste, nämlich, dass er stets mit jemandem eng verbunden ist, also
Ales Gueti!
Heute wünscht man sich überall «Alles Gute». Aber man darf nicht vergessen: Eigentlich kommt *ales Gueti us em Thurgau*.

Nachtrag

Das Schöne sehen

Im Sommer 2012 waren die meisten der Geschichten für dieses Buch fertig. Dass der Umfang des Buches fix vorgegeben ist, fuxte mich zunehmend, da ich viele Orte, über die ich hatte schreiben wollen, in keinem Text untergebracht hatte, zum Beispiel die Kartause Ittingen, und ohne die, fand ich, geht es einfach nicht. So plante ich einen Besuch der ehemaligen Klosteranlage, bei der ich die Augen nach einer passenden Gelegenheit offen halten würde, wie ich sie in eine Geschichte einbinden könnte.
Apropos Augen: Seit längerer Zeit litt ich immer im Sommer unter überempfindlichen Augen. Es hatte mit Heuschnupfen angefangen und unterdessen brannten und tränten meine Augen bereits, wenn ich Gesichtscreme auftrug oder mit einer scharfen Mundspülung gurgelte, und nicht nur bei Sonnenlicht und Wind. Darum machte ich mich mit Sonnenbrille und einem mexikanisch anmutenden Strohhut auf den Weg nach Ittingen.
Zum ersten Mal war ich auf einem Schulausflug dort gewesen und erinnere mich noch lebhaft an die Figur eines Mönchs in Kutte, die in einer der

renovierten Mönchsklausen stand. Sie sah so echt aus, dass ich als Kind rechtsum kehrt machte und auch als Erwachsene bin ich nie ganz sicher, ob die Figur nicht doch gleich dazu ansetzt, die Legende des Märtyrers Laurentius von Rom zu erzählen.
Der römische Kaiser Valerian hatte vom Diakon Laurentius gefordert, das ganze Eigentum der Kirche herauszurücken. Laurentius hatte ihm daraufhin die Kranken und Armen der Gemeinde gezeigt und gesagt, sie seien der wahre Reichtum der Kirche. Für diese Unverschämtheit liess ihn Valerian auf einem eisernen Gitterrost schmoren.
Laurentius ist der Schutzheilige der Kartause und der Rost ihr Emblem. Um den Laurentius-Brunnen herum gruppieren sich Esstische, an denen man sich zum Beispiel mein Lieblingsbier genehmigen kann. Der Hopfen – das Herz des Ittinger Amberbiers – wird im Hopfengarten der Kartause angebaut. Ich dachte darüber nach, etwas über den Laurentius-Brunnen zu schreiben, weil es sich gut mit einem anderen Thema verbinden liesse; jüngst hatte ich das Wasserreservoir Obstgarten beim Kantonsspital besichtigt und seither schwebte mir ein Text vor, der sich mit der Wasserversorgung im Thurgau auseinandersetzt.
Kurt Schmid, der ehemalige Procurator der Kartause, zeigte mir Orte, an denen Wasser eine wichtige Rolle spielt, zum Beispiel die Pferdeschwemme, in

der früher die Fuhrwerke mitsamt Tieren sauber wurden, während sie eine Runde durch den heutigen Teich drehten, das grosse Mühlerad im Restaurant oder die Quelle, die aus dem Hügel bei Nergeten kommt und die Brunnen der Kartause speist.

Nach der Führung streifte ich durch die Anlage – von der Klosterkirche bis zum Dorfladen – und hätte im Kunstmuseum gerne die Zeit angehalten, aber ich musste das Postauto erwischen.

Als ich nach Warth ging, schätzte ich einmal mehr den Ausblick hinab in die Thurebene, und als ich im Posti sass, wurde mir bewusst, dass ich den ganzen Tag über keine Scherereien mit den Augen gehabt hatte. Ich hatte das Schöne gesehen, die ganze Zeit, wunderbar klar. Seither haben meine Augen nicht mehr gebrannt oder geträunt, immerhin fast ein Jahr nach meinem Besuch in der Kartause.

Wer weiss, vielleicht ist es Zufall und ich habe einfach keinen Heuschnupfen mehr.

Oder – es ist die Heilwirkung der Kartause Ittingen. Der ich eine solche ohne Weiteres zutraue.

Tanja Kummer, Mai 2013

Herzlichen Dank für die finanzielle Unterstützung:

kulturstiftung
des kantons thurgau

TKB Jubiläums-Stiftung

Thurgauische Kulturstiftung Ottoberg

Frauenfeld
fördert Kultur

Weiter dankt die Autorin:

André Salathé und Hannes Steiner vom Staatsarchiv des Kantons Thurgau für das Erstlektorat.

Martin Hannes Graf, Redaktor am «Schweizerischen Idiotikon», für die Durchsicht der Mundartpassagen.

Den diversen Gemeinden, Organisationen und Privatpersonen für die Vermittlung von Informationen und allen Urhebern oder deren Vertreter für die Erlaubnis, Zeilen aus ihren Texten zu nutzen.

Lisa Küttel und ihrer Agentur «dreh&angel.» in Trogen für die Vermittlung des Buches.
www.drehundangel.ch

Petra Meyer, Monika Stampfli-Bucher, Jörg Binz und Thomas Knapp für ihre Arbeit am Buch.

Tanja Kummer wurde 1976 in Frauenfeld geboren und wohnt in Winterthur. Ihr erstes Buch «vermutlich vollmond» (Lyrik) ist 1997 im Ivo Ledergerber Verlag in St. Gallen erschienen, der zweite Lyrikband «unverbindlich» bei Zytglogge, dort wurden auch die Erzählbände «Platzen vor Glück» und «Wäre doch gelacht» publiziert. Die Texte der gelernten Buchhändlerin, von der jede Woche ein Buch-Tipp bei Radio SRF 3 zu hören ist, wurden mit verschiedenen Preisen ausgezeichnet, unter anderem mit dem Aufenthaltsstipendium des Literarischen Colloquium Berlin.

www.tanjakummer.ch

Die *Perlen*-Bücher

www.knapp-verlag.ch

Urs Heinz Aerni, *Bivio – Leipzig*
Wolfgang Bortlik (Hrsg.), *Das Chancenplus war ausgeglichen*
Thomas C. Breuer, *Gubrist, mon amour*
Thomas C. Breuer, *Piranha Fondue*
Alex Capus, *Der König von Olten*
Alex Capus, *Der König von Olten kehrt zurück*
Ariane von Graffenried, *Fleur de Bern*
Stefan Frey, *Blätter aus dem Tropenwald*
Anette Herbst, *Herbst in Basel*
Franz Hohler, *Eine Kuh verlor die Nerven*
Ulrich Knellwolf, *Die Erfindung der Schweizergeschichte*
Meinrad Kofmel, *Lawrence of Arabica*
Tanja Kummer, *Alles Gute aus dem Thurgau*
Beno Meier, *Aphrodite ungeschminkt*
Jörg Meier, *Als Johnny Cash nach Wohlen kam*
Jörg Meier, *Meiereien*
Walter Millns, *Bevor sie springen*
Perikles Monioudis, *Junge mit kurzer Hose*
Michael van Orsouw, *Dufour, Held wider Willen*
Christoph Schwager, *Um Himmelgottswillen, Engel Klirrius*
Angelia Maria Schwaller, *dachbettzyt*
Judith Stadlin, Michael van Orsouw,
Spiel uns das Lied von Zug
Reto Stampfli, *Tatsächlich Solothurn*
Reto Stampfli, *Die Schwiegermutter des Papstes*
Reto Stampfli, *Weggeschwemmt*
Emil Steinberger, *Lachtzig*
Rhaban Straumann, *Ges(t)ammelte Werke*
Franco Supino, *Solothurn liegt am Meer*

Layout, Konzept Bruno Castellani, Starrkirch-Wil
Satz Monika Stampfli-Bucher, Solothurn
Korrektorat Petra Meyer, Römerswil
Illustrationen Jörg Binz, Olten
Druck CPI - Clausen & Bosse, Ulm

2. Auflage, November 2013

ISBN 978-3-905848-84-7

Alle Rechte liegen bei der Autorin und beim Verlag.
Kein Teil des Werks darf in irgendeiner Form ohne
Genehmigung der Herausgeber verwendet werden.

Gedruckt auf umweltfreundlichem FSC-Papier.

www.knapp-verlag.ch